Dominik Wunderlin

Wasserfallen Passwang

ein Reise(ver)führer

mit Beiträgen von
Eneas Domeniconi
Lorenz Häfliger
René Salathé
Willy Schaub
Paul Suter
Peter Suter

Umschlagbild

Max Schneider: Auf dem Spionskop, Blick gegen Ramstein, 1989.

© Copyright by Dominik Wunderlin
und Mitautoren
Herausgeberin: IG Wasserfallen-Passwang, Reigoldswil
Idee, Konzept und Redaktion: Dominik Wunderlin
Realisation: Beat Eggenschwiler
Verlag: Dietschi AG, Olten, Balsthal, Waldenburg
Satz, Lithos und Druck: Dietschi AG, Waldenburg
Einband: Grollimund AG, Reinach

Ausgabe 1998

ISBN 3–9520709–4–7

Inhalt

Einführung	*Dominik Wunderlin*	5
Zur Entstehung des Juras	*Dominik Wunderlin*	8
Flora und Fauna im Schelmenloch	*Willy Schaub*	11
Eine Sumpfwiese in Oberbeinwil	*Lorenz Häfliger*	26
Einige interessante Flurnamen an der Wasserfallen	*Paul Suter*	28
Die Bergnamen Passwang und Hohe Winde	*Paul Suter*	32
Der Passwang in der Kunst	*René Salathé*	35
Alte Menüs aus dem Hinteren Baselbiet	*Peter Suter*	41

Verkehrs- und Grenzgeschichten — 49

Die Wasserfallenbahn	*Paul Suter*	50
Die Gondelbahn Reigoldswil–Wasserfallen: die einzige Luftseilbahn der Nordwestschweiz	*Peter Suter*	59
Über und durch den Passwang – Von Strassenprojekten und geplatzten Bahnträumen	*Dominik Wunderlin*	62
Von der ehemaligen Kirche St. Hilar bei Reigoldswil	*Paul Suter*	74
Wie Reigoldswil die Wasserfallen verloren hat	*Paul Suter*	79

Kulturhistorische Exkursionen und Besuche — 83

Rundwanderung über Passwang und Wasserfallen	*Peter Suter*	84
Durch das Schelmenloch und über die Waldweide nach Reigoldswil	*Peter Suter*	98
Über die Wasserfallen: Von Mümliswil nach Reigoldswil – eine Wanderung durch Flurnamen und deren Geschichte	*Eneas Domeniconi*	100
Burgen, Klöster und Kapellen rund um Wasserfallen und Passwang	*Dominik Wunderlin*	124
Museen hüben und drüben	*Dominik Wunderlin*	158
Historische Ortssammlung «auf Feld» Reigoldswil: Von Posamentern und Bauern	*Dominik Wunderlin*	158
Ein weiteres Heimatmuseum im Reigoldswilertal: Dorfmuseum Ziefen	*Dominik Wunderlin*	160
Von Bandfabriken und Heimposamentern: Kantonsmuseum Liestal	*Dominik Wunderlin*	161
Das schweizerische Kamm-Museum in Mümliswil: Lieferanten von Queen Victoria und des spanischen Hofes	*Dominik Wunderlin*	162
Weitere Museen in der Umgebung von Mümliswil: Heimatmuseum Alt-Falkenstein und Thaler Keramik-Museum Matzendorf	*Dominik Wunderlin*	167
Tips für erlebnisreiche Jura-Wanderungen im Ausflugsparadies Wasserfallen-Passswang	*Dominik Wunderlin*	168
Die Gemeinden rund um Wasserfallen und Passwang	*Dominik Wunderlin*	174
Register		183
Bildnachweis		184

Max Schneider: Wasserfallen, unterhalb Schweini

Einführung

Dominik Wunderlin

«Der Jura ist mein Olymp», hat Carl Spitteler einmal einem Besucher gesagt, als sie in seinem Luzerner Heim zusammensassen. Das Gespräch drehte sich um die Frage, wie stark die Juralandschaft das Schaffen des grossen Dichters und Literatur-Nobelpreisträgers prägte. Dass der Jura in Spittelers Werk eine grosse Rolle spielt, wird heute nur noch dem bewusst, der sich die Mühe nimmt, sich in die Prosa und Lyrik des grossen Baselbieters zu vertiefen. Unsere Landschaft findet sich in vielen seiner Landschaftschilderungen wieder. So in seinem Frühwerk «Prometheus und Epimetheus» und ebenso in einem Meisterwerk «Der olympische Frühling». Aber ebenso in den «Mädchenfeinden», in «Friedli, der Kolderi» und im «Wettfasten von Heimligen», das im Froburgerstädtchen Waldenburg spielt. Nicht vergessen möchten wir seine wunderschöne Gedichtsammlung «Die Schmetterlinge», die «aus der Juralandschaft geschaut» sind, wie er in einem Brief mitteilt.

Die Juralandschaft kennt neben Spitteler nur wenige grosse Sänger. Die bewegte Landschaft hat zwar den einen oder anderen Reisenden, darunter auch manchen Schriftsteller, zu einer Beschreibung bewogen, doch haben diese unsere Gegend zumeist nur bei der Durchfahrt zur Kenntnis genommen, denn ihr Ziel waren die Alpen oder gar die südlichen Gefilde. Dass der Jura auch zumeist mit den Alpen verglichen wurde und dabei regelmässig den kürzeren zog, dem konnten sich sogar der Waldenburger Heinrich Tanner und der Oltner Eduard Zingg, die Verfasser des ersten Reiseführers über die Gegend um Olten und des Oberen Hauensteins (1882), nicht entziehen: «Sein Gelände vermag sich zwar mit der Alpenwelt an Schönheit nicht messen; - doch gerade da, wo er [der Jura] von Osten her die Kantone Solothurn und Basel betritt und einem Fächer gleich vom Wisenberge aus in fünf mächtigen Zügen sich verzweigt, finden wir Partien, die auf jeden Naturfreund einen mächtigen Reiz ausüben müssen».

Vielleicht war es auch ganz gut, dass unser Jura nie jenen Bekanntheitsgrad erlangte wie andere Gegenden unseres Landes. Dies hat ihm bestimmt manches erspart, was uns anderswo so negativ ins Auge sticht. Was heute den Wert des Juras – und gerade auch das Gebiet von Wasserfallen und Passwang – ausmacht, ist das Fehlen von pompösen und störenden touristischen Einrichtungen. Was aber da ist und wir dankbar als Erschliessungen wahrnehmen und nutzen, wurde mit Augenmass erstellt. Wir dürfen uns also in einer Landschaft bewegen und aufenthalten, wo die Natur noch nahe ist und die Zivilisation kein Störfaktor bildet.

Es darf darum durchaus ein anderes Wort Spittelers ebenfalls noch zitiert werden, wo er unseren Raum als «ein Paradies landschaftlicher Schönheiten» bezeichnet.

Das alles soll aber nun nicht heissen, dass der Besucher unserer Gegend durch eine unberührte Landschaft, ja gar durch den Urwald wandert. So wie sich nämlich unser Jura heute präsentiert, ist er nicht mehr das Waldland, als das ihn die namengebenden Kelten gesehen haben (jura = Waldland). Seit jener Zeit, als die Kelten in unserem Lande lebten, ist unsere Mittelgebirgslandschaft in immer stärkerem Masse vom Menschen geprägt worden. Die Rodungen, die später zum Teil von den Klöstern Beinwil und Schöntal ausgingen, dienten der Landnahme. Ausser diesen Eingriffen brachten die Rodungen der Köhler als Lieferanten für die lokale Eisenerzverhüttung und Glasindustrie starke Veränderungen des Landschaftsbildes. Die lange Geschichte der Besiedelung drückt sich auch in den beachtlichen Zahl wertvoller und alter Baudenkmäler aus.

Aber trotz Eingriffen durch ausgedehnte Rodungen und Meliorationen ist der Jura eine naturnahe Landschaft geblieben. Die naturräumlichen Gegebenheiten lassen eben nur eine beschränkte Bewirtschaftung zu: Als wichtigste Wirtschaftsform sei hier das System der Juraweidebetriebe erwähnt, welche unsere Landschaft ab einer gewissen Höhenlage mit den vielen Einzelhöfen prägen.

Da das Gebiet zwischen dem Oberen Hauenstein und der Hohen Winde, welchem dieses Büchlein gewidmet ist, relativ hoch liegt, blieb der Natur noch genügend Lebensraum neben der Landwirtschaft. So kommt es, dass der Wanderer in diesem Gebiet auch auf viele seltene Tiere und Pflanzen trifft, die anderswo längst durch eine intensive Landnutzung verschwunden sind. Die grosse Artenvielfalt, die sich auf der Südseite anders zeigt als an den Nordhängen, auf den Felsfluren wiederum anders als in Wäldern oder auf den Weiden, gehörten zu den Argumenten für die 1969 erfolgte Aufnahme des Wasserfallen-Passwang-Gebietes (gemeinsam mit dem Belchen-Gebiet) ins Inventar der zu erhaltenden Landschaften und Naturdenkmäler von nationaler Bedeutung (KLN-Objekt 1.32).

Beim seinerzeitigen Aufnahmeentscheid mitberücksichtigt wurden auch das Vorhandensein von kulturhistorisch bedeutsamen Bauten und die hohe bioklimatische Bedeutung der Region als Wandergebiet, das den hier Erholung suchenden Touristen immer wieder durch Panoramablicke belohnt.

Auf den Wert dieser Juralandschaft will dieser Führer hinweisen. Er enthält eine Reihe von Beiträgen, die auf die Natur- und Kulturschönheiten unseres Gebietes eingehen. Im Zentrum steht der jurassische Mittelgebirgskamm, der zwar zwei Landschaften trennt, die aber doch manches auch verbindet. Dass Berge da sind, überschritten oder durchbohrt zu werden, illustrieren verschiedene Artikel. Zur Erkundung der Landschaft mit ihren vielen Naturschönheiten und Kulturdenkmälern dienen die verschiedenen Exkursions- und Wandervorschläge sowie die detaillierte Beschreibung einer Exkursion durch die Dörfer und Täler rund um das Wasserfallen- und Passwanggebiet.

Die hier vereinten Texte sind zum Teil speziell für diese Publikation geschrieben worden, zum Teil aber auch aus nicht immer leicht zugänglichen Veröffentlichungen übernommen worden, wobei in diesem Falle gewisse Anpassungen unumgänglich waren. Der Herausgeber dankt allen, die ihn bei der Arbeit durchwegs spontan unterstützt haben und zum informativen Inhalt dieses Buches beigetragen haben. Insbesondere hat er Dr. Peter Suter zu danken, der auch den Abdruck von Arbeiten seines Vaters Dr. Paul Suter (1899-1989) ermöglicht hat und zudem zahlreiche interessante Illustrationen zur Verfügung gestellt hat.

Eine derart reizvolle, landschaftlich und kulturell grossartige Schatzkammer, wie es dieser Teil des Schweizer Juras darstellt, lässt sich wohl immer nur beschränkt zwischen zwei Buchdeckeln einfangen. Mit diesem Führer ist ein Versuch gemacht. Ob er wenigstens einigermassen gelungen ist, mögen andere entscheiden. Wenn dieses Büchlein ein Beitrag sein kann, die Augen auf Verborgenes und kaum Bekanntes hüben und drüben zu öffen, dann hat es seinen Zweck erfüllt.

Dominik Wunderlin

Zur Entstehung des Juras

«Das Juragebirge besteht, Falte um Falte, aus hohen Kalksteinrücken, Tausende von Fuss hoch, alle parallel zueinander, mit tiefen Tälern, Tausende von Fuss tief, dazwischen; und hinter seinem letzten jähen Abfall breitet sich die Flussebene der Aare aus.» Mit diesen Worten beschrieb der aus Paris stammende, aber in England lebende Schriftsteller und Politiker Hilaire Belloc (1870–1953) unsere Juralandschaft. Er durchwanderte sie 1901 anlässlich einer Fusswallfahrt nach Rom. Das besondere bei dieser Pilgerfahrt war sein Vorsatz, die Reise genau in einer Luftlinie zurückzulegen. Doch die topographischen Verhältnisse zwangen ihn schon im Jura, seinem Versprechen untreu zu werden. Der eingangs zitierte Satz dient denn auch zur Begründung für sein Abweichen vom gefassten Vorsatz.

In der Tat ist der Jura ein Gebirge von eindrücklicher Gestalt. Wer diese Landschaft durchwandert, ist immer wieder ge-

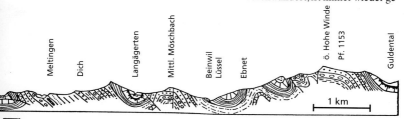

- Oligozän
- Bohnerz
- Sequan
- Rauracien/Argovien
- Oxfordien
- Ob. Dogger
- Hauptrogenstein
- Unt. Dogger
- Opalimuston
- Lias
- Keuper
- Muschelkalk
- Anthydritgruppe

halten, auf kurze Distanz starke Höhenunterschiede zu überwinden. Der Jura ist zwar weniger hoch als die Alpen und einfacher gebaut. Seine Gesteinsfalten lösen sich südwestlich der Stadt Genf vom Alpenkörper ab und umschliessen dann in einem weitgespannten Bogen von 300 km Länge das Mittelland im Westen und Nordwesten.

Noch vor der Schweizer Grenze erreicht der Jura beim Crêt de la Neige (1723 m) die grösste Höhe. Gegen Osten wird das Gebirge allmählich niedriger, hat im Bereich des Passwangs noch eine Höhe von 1204 m und erhebt sich bei der Lägern noch bis auf 859 m.

Im Vorfrühling auf der Hohen Winde: Blick ins Gebiet von Oberbeinwil und gegen den Passwang

Bei einer Fahrt vom Mittelland quer durch den Jura stellen wir fest, dass die höchsten Falten jeweils unmittelbar aus dem Mittelland aufsteigen. Der innere Jurarand zeichnet sich markant ab, während auf der Aussenseite des Jurabogens die Gesteinswellen nach und nach an Kraft und Höhe verlieren. Die in diesem Mittelgebirge zu beobachtenden Höhenverhältnisse und der einen grossen Bogen beschreibende Grundriss offenbaren uns seine Entstehungsgeschichte.

Der Faltenjura ist vom geologisch-tektonischen Bau her unwahrscheinlich kompliziert. Er verdankt seine Form einem von Süden, von den Alpen her kommenden Schub der Erdkruste. Dieser wurde allerdings von den Vogesen und vom Schwarzwald gebremst und fand nur bei der Oberrheinischen Tiefebene eine Lücke und damit ein Ausweichgebiet. Durch den horizontalen Druck wurde die Erdmasse zu Falten aufgeworfen. Diese gewaltige Auffaltung verleiht insbesondere dem Passwang-Gebiet sein charakteristisches Gepräge. Da die Gebirgsbildung durch verschiedenste Störungen beeinflusst wurde, tauchen einzelne Gewölbe unter, andere auf, manche nähern sich einander, verschmelzen oder verzweigen sich wieder. Im Bereich des Solothurner und Baselbieter Juras wurden manche Gewölbe steilgestellt, überschoben, ja überkippt und in Scheitelbrüchen zerrissen. Zur heutigen Gestalt haben die Verwitterung und die Erosion beigetragen. Zwar fehlen im Jura die wilden Bäche und darum bleibt dem heutigen Betrachter eine wichtige Abtragungsarbeit verborgen. Es ist das Wasser, das in wasserdurchlässigen Böden verschwindet und Karsterscheinungen wie Dolinen und Poljen erzeugt. Oberirdische Kräfte des Wassers sind aber auch erkennbar: Zu nennen sind hier die an einer Gewölbeflanke liegende Halbklus (Combe) und die Klus. Wie man heute weiss, sind die Klusen nachweislich von Flüssen geschaffen worden, die schon vor der Auffaltung des Juras vorhanden waren und welche sich dank

Auf der Südseite der Passwang-Krete: steil gestellte Schichtung

Ketten, Täler und Klusen: schematische Darstellung der typischen Jura-Phänomene

des langsamen Faltungsprozesses fortwährend ihren Weg sichern konnten.

Die Jurafaltung geschah im Tertiär, also vor vielen Millionen von Jahren. Die hier liegenden Gesteine sind aber älter und entwickelten sich aus den Ablagerungen eines Meeres. Sie gehören dem Erdmittelalter und hier insbesondere der Jurazeit an. Ihren Namen verdankt sie Forschern, welche die ihr zugehörenden Gesteinsschichten Lias, Dogger und Malm erstmals im Jura gründlich erforschten. In allen diesen Schichten findet man als Erbe der marinen Vergangenheit versteinertes Meeresgetier, aber auch Pflanzen und Reste von Sauriern.

Im ganzen Jurabogen ist der Kettenjura flächenmässig der ausgedehnteste und mit Abstand der eindrücklichste Teil. Nicht unerwähnt sollen aber auch der Plateaujura und der Tafeljura bleiben. Der Plateaujura entstand bereits vor dem Kettenjura, wurde aber nur schwach gefaltet und erfuhr eine relativ starke Abtragung. Die sanft gewellte Landschaft der Freiberge und der Franche-Comté werden dem Plateaujura zugeordnet. Der grösste Teil des Baselbietes und des Schwarzbubenlandes sowie das Fricktal und auch die Ajoie liegen dagegen im Tafeljura. Er ist charakterisiert durch weite, tafelförmige Hochflächen, welche durch oft steilwandige und kastenförmige Täler durchschnitten werden. Der Tafeljura besteht aus mehr oder weniger horizontal liegenden, marinen Sedimentsschichten, weil die von Süden wirkenden Schubkräfte hier keine Kraft mehr hatten, den Untergrund aufzufalten. Dafür kam es hier zu vielen Brüchen im Zuge der Bildung der Oberrheinischen Tiefebene. Diesem Vorgang verdankt manche hier vorhandene Fluh ihre Entstehung.

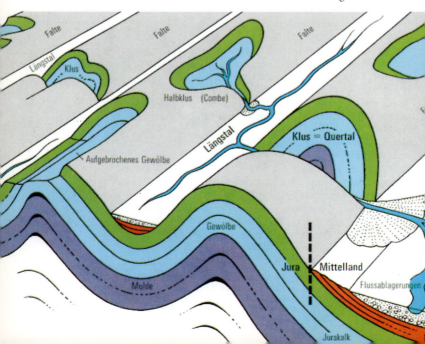

Flora und Fauna im Schelmenloch

Willy Schaub

Waldlehrpfad Reigoldswil–Wasserfallen
Dieser Pfad möchte zu einem Zwiegespräch mit der Natur einladen. Die Vielfalt der Lebewesen wird dem Wanderer zur Mannigfaltigkeit werden, wenn er die einzelnen Arten erkennen und benennen kann. Ein vertieftes Naturerleben wird aber auch die Augen öffnen für die Probleme, mit denen der bedrohte Lebensraum Wald heute zu kämpfen hat.

Der Lehrpfad folgt bestehenden Waldwegen und ist im Gelände durch Wegweiser markiert. Er verbindet die Talstation der Luftseilbahn mit dem Wasserfallenweiher in der Nähe der Bergstation, kann also in beiden Richtungen begangen werden. Auf grossen Strecken fällt er mit dem Rundwanderweg Schelmenloch–Jegerwägli zusammen oder kann mit diesem kombiniert werden.

Ein Frühlingsbote: die Schlüsselblume

Geologie und Landschaftsformen
Schmelzwässer eiszeitlicher Lokalgletscher und die Quellbäche der Frenke haben in die Nordflanke der Passwangkette einen steilen, schluchtartigen Talkessel eingegraben und dabei das Innere des Berges freigelegt. Unser Gebiet liegt in der Brandungszone des Faltenjuras, wo sich dessen Gesteine auf den durch zahlreiche Brüche im Untergrund verzahnten Tafeljuras aufgeschoben haben. Auch der weit nördlich liegende Schwarzwald diente als Prellbock. Dabei zerbrach z. B. der Muschelkalk der Trias in einzelne Schuppen, die sich wie Treibeis übereinander stapelten. Mindestens drei dieser Schuppen durchwandern wir zwischen Dorfplatz und Talstation der Gondelbahn. Diese liegt im Bereich der letzten Scholle mit dem Steinbruch. Südlich davon türmt sich nun treppenartig die normale Schichtfolge bis zur hochgelegenen Bürtenmulde auf. Im Gebiet Grund stehen die bei uns im Jura als Gleithorizont wirkenden Anhydritschichten an, oberflächlich meist zu Gips verwittert. Nochmals queren wir eine Muschelkalkenge zwischen Chilchli und Vogelmatt. Diese, die Stöckmatt und die Bergmatten zeigen durch die Rodung die Weichgesteine von Keuper, Lias und dem Opalinuston des untern Doggers an. Steil

Rotbuche (Fagus silvatica)

*Lorbeerseidelbast
(Daphne laureola)*

ragt darüber die Stufe des Hauptrogensteins über das gesamte Vorland auf. Glattenberg und Wizenberg heissen die Hänge.

Der Malm beginnt mit den Oxfordmergeln, welche die Flankentälchen von Bärengraben und Nesselboden bilden. Der mittlere Stein ist die Felskante der Birmenstorferkalke, darüber stehen die Effingermergel an. Die mächtigste Felsbildung ist der kompakte Sequankalk (oberer Malm). In der Bürtenflue erklimmt das im Winter gefährliche Jegerwägli mit Treppen und Kurven zwischen den Felsbändern seine Höhe.

Die Enzianflue musste man für die Bergstrasse mit einem Tunnel überwinden, zwischen den beiden Flühen plätschert die junge Frenke mit prächtigen Fällen talwärts. Bis hieher fielen alle Schichten sanft gegen Süden ein. Bei der Brücke an der Wasserfallenstrasse knicken sie aber scharf um und erheben sich zum Grat des Schattbergs stellenweise senkrecht. Wir haben den Kern der hochgelegenen Bürtenmulde durchschritten und sind im Nordschenkel der Passwangfalte. Der Weiher und die Weiden von Wasserfalle und Vogelberg gehören wieder zum untern Malm, der die Wasserscheide bildende Passwanggrat besteht aus Hauptrogenstein.

Die Waldgesellschaften der Montanstufe

Unser Gebiet liegt im Bereich der *Berg- oder Montanstufe*. Der Nordlage wegen beginnt diese hier schon recht weit unten. Die Talstation der Luftseilbahn liegt auf etwa 530 m Meereshöhe, die Bergstation auf rund 920 m. Wir überwinden also auf dem Waldlehrpfad einen Höhenunterschied von beinahe 400 Höhenmetern. Trotzdem herrscht hier auf allen Standorten von mittlerer Bodenbeschaffenheit in natürlich gebliebenen Wäldern die *Rotbuche* vor, daher spricht man auch etwa von der *Buchenstufe*. Sie liebt es weder zu warm, noch zu kalt, weder zu trocken, noch zu nass, stellt also in jeder Beziehung mittlere Ansprüche. Der Kalkboden unseres Juras und sein eher ozeanisches, ausgeglichenes Klima müssen ihr daher besonders zusagen. Wie im Tessin und in den Vogesen erreicht sie im Jura die alpine Waldgrenze, am Chasseral etwa auf 1550 m, in den Waadtländer Jurabergen sogar auf 1600 m Meereshöhe. Nur wo ihre Wuchskraft durch Boden und Klima geschwächt wird, muss sie auch andere Mitbewerber um sich dulden. In den Mooren fehlt sie ganz, auf Felsgräten kümmert sie. Wo sie aber in voller Kraft gedeihen kann, kommt unter ihrem dichten Laubdach fast nur ihr eigener Nachwuchs auf, denn sie ist eine ausgesprochene Schattenbaumart. So beherrscht sie die mittleren Berglagen im Jura fast ausschliesslich. In den tieferen Teilen macht ihr die Sommerhitze zu schaffen, in Hochlagen der längere Winter. So ändert sich bei normaler Bodenbeschaffenheit die Artenzusammensetzung durch die Höhenlage.

Im Gebiet des Lehrpfades können wir drei Hauptgesellschaften unterscheiden, nämlich die Vorbergstufe (Submontan), die untere Bergstufe (Untermontan), die obere Bergstufe

(Obermontan), wogegen die Hochmontanstufe im Passwanggebiet nur angedeutet ist. Jede dieser Stufen entspricht einer bestimmten Waldgesellschaft.

Den submontanen *Seggen-Buchenwald* streifen wir nur im untersten Wegstück. Er bevorzugt bei uns die Südhänge unter 600 m. Hier muss die Buche auch dem Feldahorn, der Trauben- und der Stieleiche, der Hagebuche und dem Wildkirschbaum Platz lassen. Unter deren lockerem Kronendach gedeihen allerlei Sträucher, denen wir dann weiter oben am Waldrand wieder begegnen werden. Seggen, auch Sauergräser genannt, bedecken den Boden. Lorbeerseidelbast, Goldhahnenfuss und die schönen Waldvögeleinorchideen gelten als Charakterpflanzen, sie fehlen höher oben aber auch nicht. Vor dem Beginn einer geregelten Waldwirtschaft wurden diese dorfnahen Gebiete als Niederwald und Waldweide genutzt. Die Verjüngung geschah, wie man es heute noch sehen kann, mit Stockausschlägen.

Im Glattenberg über den Bergmatten betreten wir auf etwa 650 m Meereshöhe den *reinen Buchen-* heute *Zahnwurz-Buchenwald*. Dies heisst aber nicht, dass hier tatsächlich nur Rotbuchen gedeihen. Weisstanne und Bergulme sind eingesprengt oder beigemischt. Sträucher fehlen fast völlig. Waldbingelkraut, Sauerklee, Aronstab und Wumfarn bilden lockere, zerstreute Herden. Auch Hasenlattich und Fiederblättrige Zahnwurz gelten als typische Buchenwaldpflanzen. Die zähe Laubstreu der Buche vermodert meist erst nach einigen Jahren, daher bildet sie dichte Polster. Moose können diese kaum durchdringen, daher werden sie hier ausgeschlossen. Nur die Triebe des Bärlauches durchstossen sie in feuchten Mulden im dichten Stand. Lange vor dem Laubaustrieb wächst er, blüht früh und zieht im Vorsommer schon wieder ein. Er ist also das, was man botanisch als Frühlingsgeophyt bezeichnet.

Auf etwa 800 m geraten wir nach und nach in die Stufe des *Weisstannen-Buchenwaldes* der obern Montanstufe. Die Weisstanne stellt an Klima und Boden ähnliche Ansprüche wie die Buche. In Tieflagen leidet sie aber sehr durch Trockenjahre, wird dann von der Weisstannentrieblaus befallen und kümmert. In schneereichen Hochlagen wird sie meist schon im zarten Jugendstadium durch den Schneeschimmel ausgemerzt. Ihre natürliche Obergrenze erreicht sie bei uns auf rund 1150 m am Nordhang, 1200 m am Südhang, während sie in den Vogesen schon über 900 m aufhört. Als Baum der mittleren Berglagen leidet sie heute am meisten unter der Luftverschmutzung. Bei Hochnebel und Temperaturinversion sammeln sich diese Schadstoffe an dessen obern Grenze an und machen der Weisstanne im wörtlichsten Sinne das Leben sauer.

Als typisch montane Begleitpflanzen gelten Waldschwingel, Riesenschwingel, Waldhaargerste, Weisse Pestwurz und Wolfswurzeisenhut. Grauer und Grüner Alpendost, Bergflockenblume und Echte Goldrute erinnern schon an den hochmontan-subalpinen Bergahorn-Buchenwald. Schläge und Wald-

Grauer Alpendost
(Adenostyles alliariae)

Traubenholunder
(Sambucus racemosa)

*Alpenheckenkirsche
(Lonicera alpigena)*

strassen lassen mehr Licht eindringen. Sofort wird das Bild bunter. Allerlei Sträucher stellen sich ein: Wolliger Schneeball, seltener auch der Gemeine Schneeball, Traubenholunder, Schwarzholunder, Rote Heckenkirsche und Alpenheckenkirsche verdrängen die den Wanderer erfreuenden Erd- und Himbeeren.

Eine typische Schlagpflanze ist das Schmalblättrige Weidenröschen. Waldwitwenblume, Alpenheckenrose, Feldrose nebst anderen Wildrosen bringen zusätzlich Farbe ins Bild. Im feuchten Schutt der Wegränder lockt der Wasserdost auf seinen Blüten buntes Faltervolk an. Vogelbeere und zwei Arten Mehlbeeren leiten die Wiederbewaldung ein. Bald stellt sich auch der Bergahorn ein; an feuchten Stellen wuchert der Eschenjungwuchs. Doch werden beide meist durch Einbringen gerade marktgängigerer Arten ersetzt. Eiben und baumartig wachsende Stechpalmen werden schon seit Jahrzehnten durch unser Gemeinde-Waldreglement geschützt. Bei Schlägen schont man sie, so profitieren auch sie von der Lichtstellung.

Liguster, Schwarzdorn und die beiden Weissdornarten, in höheren Lagen auch der Alpenkreuzdorn, sind die Gehölze des Waldrandes. Dort bringen auch die Haselstauden ihre gesuchten Früchte. Manchmal rankt sich auch die Waldrebe, auch Niele genannt, an den Randbäumen hoch empor.

Wälder auf Spezialstandorten

Die Waldföhre stellt an die Bodenqualität wenig Ansprüche, verlangt aber viel Licht. Weder triefende Nässe, noch Trockenheit stören sie, daher findet man sie sowohl auf Hochmooren, als auch auf brandig heissen Felsgräten. Nur wo diese auf zwei oder gar drei Seiten senkrecht abfallen, überlässt sie ihren Platz der noch anspruchsloseren Bergföhre. Dies ist aber erst einige Kilometer westlich unseres Gebietes im Bereich der Ulmet ob Lauwil der Fall.

Von der Enzianfluh herunter grüsst der *Kretenföhrenwald* (früher *Seidelbast-Föhrenwald,* heute offiziell *Schneeheide-Föhrenwald* genannt). Hier klammert sich die Föhre in den Ritzen und Spalten fest und besiedelt breitere Bänder in der Fluh. Unter ihr gedeihen Blaugras, Erdsegge, Moosorchis, Braunrote Sumpfwurz (sic!), daneben eigentliche Felsenpflanzen wie Kugelschötchen, Hufeisenklee, Herzblättrige Kugelblume und andere. Eine besondere Zierde unserer Fluhkronen und -bänder ist die Felsenmispel mit ihren langblättrigen, weissen Blütensternen im Frühjahr. Hier finden sich auch die Filzige Zwergmispel und die schon genannte Alpenheckenrose. Wird der Fels noch steiler, so finden auch die Sträucher keinen Platz mehr. Hier wachsen Bergdistel, Skabiosenflockenblume und Kugelschötchen in den Blaugraspolstern. Beim Tunnel an der Bürtenstrasse spriessen aus feinsten Ritzen das Niedere Habichtskraut und das Stengelumfassende Habichtskraut. Fels- und Mergelsteilhänge im Schatten tragen dichte Moospolster.

*Blaugras
(Sesleria coerulea)*

Hier finden wir Lappen-Schildfarn, Grünen und Braunstieligen Streifenfarn, Bruchfarn, Mauerlattich und Bergbaldrian. Das Alpenmassliebchen liebt – wie die Eibe – Mergelsteilhänge. Durch den Strasseneinschnitt am nördlichen Tunnelausgang wurde ein steinig-mergeliger Steilhang geschaffen. Wir können ihn als Pionierstandort betrachten. Hier treffen sich Pflanzen aus den verschiedensten Gegenden Europas.

Präalpin, also der weiteren Umgebung der Alpen entstammend, sind Kugelige Rapunzel und Ochsenauge, sowie das schon erwähnte Blaugras. Aus dem nördlichen Mittelmeergebiet kommen die Ästige Graslilie und das Breitblättrige Laserkraut. Das Weisse Breitkölbchen entstammt unserem mitteleuropäischen Florenbereich. Die von Linné so benannte Alpenbärenklau ist sogar nur dem Jura eigen, trägt also ihren Namen eigentlich zu Unrecht. Das stattliche Doldengewächs ist bei uns besonders häufig.

Auch eine Berberitze hat sich eingestellt, daneben ein durch den Schnee stark beschädigter Wacholderstrauch.

Eine völlig andere Föhrenwaldgesellschaft streifen wir im Mittleren Stein. Über den Kalkfelsen der Birmenstorferschichten streichen die Effingermergel aus und bilden Rohböden ohne nennenswerte Humusauflage. Bei Trockenheit dörren sie tief rissig aus, bei Regenwetter saugen sie sich mit Wasser voll und quellen auf und werden furchtbar glitschig. Solche wechselfeuchten Böden behagen der Buche gar nicht, also überlässt sie diese auch hier der anspruchslosen Föhre. Unter den Föhren gedeiht ein dichter Rasen von hohem Pfeifengras. Man nennt die Gesellschaft deshalb auch *Pfeifengras-Föhrenwald*. Hier gedeiht der Gemeine Seidelbast häufig, daneben steht ein Exemplar des Gelben Enzians in recht tiefer Lage. Um die Stammfüsse stehender und die Stöcke gefällter Föhren wachsen lustige Kräglein von Heidelbeerstöcklein. Dieser kalkscheue Zwergstrauch findet sich auch auf den Felsgräten, immer gerade knapp nördlich unter der Krete. Hier hat die Streu der Föhre, und später auch die der Heidelbeere selbst ein Rohhumuspolster aufgebaut, das die Heidelbeere von der Kalkunterlage isoliert.

Stärker durch den Menschen beeinflusste Waldpartien

Nebst Holzschlag war früher auch die Waldweide eine übliche Art der Nutzung. Die flacheren Partien unter der Enzianflue und im Mittleren Stein wurden zwar der Schuttunterlage wegen nicht in offenes Weidland übergeführt, aber sicher durch Tritt und Verbiss des Weideviehs stark gelichtet. Hier konnte sich die Föhre von der Fluhkrone her, sowie vom Pfeifengrasföhrenwald her rasch ansiedeln. Sie fand hier optimale Bedingungen vor, bildete gerade Schäfte mit regelmässigem Kernholz. Deshalb begünstigte man sie bei den Hieben und schützte sie vor der Konkurrenz der Buche, auch nach der natürlichen Wiederbewaldung. Heute sammelt man ihre Samen und pflanzt die Nachkommen im ganzen Jura in ähnlicher

Lappenschildfarn (Polystichum lobatum)

Braunstieliger Streifenfarn (Asplenium trichomanes)

Höhenlage als «Provenienz Bärengraben» an. Nur hier kommt das in andern Gegenden so häufige Buschwindröschen im Reigoldswiler Bann in grössern Beständen vor.

Viel einschneidender sind natürlich grössere Schläge. So hat man oberhalb der Bärengrabenhütte ein grosses Gebiet im ersten Drittel unseres Jahrhunderts kahlgeschlagen und der Naturverjüngung überlassen. Noch heute bringen alte Dorfbewohner das grosse Hochwasser von 1924 mit diesem Kahlschlag und einem andern im Kohlloch östlich von Bürten in Zusammenhang.

Heute pflegt man diese gleichaltrigen Bestände nach dem Prinzip der «positiven Auslese». Gutgewachsene «Zukunftsbäume» werden markiert, dann befreit man sie von ihren schärfsten Konkurrenten, um sie im Wachstum zu fördern.

Der Nebenbestand aus weniger guten Bäumen und untergeordneten Baumarten hilft mit, die Stämme des Hauptbestandes astrein werden zu lassen. Auch schützt er sie vor Sonnenbrand und den Angriffen des Windes.

1933 wurde nach über hundert Jahren in unserm Bann erstmals wieder ein Rehbock geschossen. Heute besitzen wir einen starken, wenn auch nicht überhegten Rehbestand; neuerdings kommen auch Gemsen dazu. Daher kann man Verjüngungen nur noch in kleinem, eingezäunten Schlägen aufbringen, wo sie dem Verbiss und dem Fegen des Rehbockes entzogen sind.

Ein solcher Schlag ist im Mittleren Stein zu sehen. Hier hat man Rottannen und «Bärengraben»-Föhren eingebracht. Die Laubhölzer schlugen aus den Stöcken aus, oder flogen aus der Umgebung an. Auch die beim Schlag verschonten Eiben und Stechpalmen profitierten von der Lichtstellung. In einem Schlag des letzten Jahrzehntes unter der Enzianflue pflanzte man vor allem Rottannen ein. Hier wuchsen solche auch schon vorher, nämlich dort, wo sich in der Schutthalde der Fluh die grössten Blöcke ansammelten. In ihren Zwischenräumen zirkuliert kalte Luft, da bekommt die Buche «kalte Füsse» und überlässt den Platz der resistenteren Rottanne. Hier ist sie also kein Fremdling.

Völlig fremd sind aber die Ersatzaufforstungen für die Luftseilbahnschneise im Eiset und dem Bach entlang gegenüber der Vogelmatt. Der damaligen Auffassung gemäss, nur Nadelhölzer brächten genügend Ertrag, um die doch recht teure Waldpflege zu ermöglichen, brachte man standortsfremde Rottannen und Föhren, Lärchen aus den Alpen, zwar standortsgerechte, aber florenfremde Douglasien aus Amerika ein, daneben als Alibi noch Ahorne mit ihrem wertvollen Holz. Gewaltige Druckschäden bei einem starken April-Nassschneefall mahnten aber zur Vorsicht. Heute würde man, ohne die Nadelhölzer zu vernachlässigen, wohl etwas vorsichtiger planen. Zu einer «Verfichtung» wie im Mittelland und im Schwarzwald ist es dank der Übermacht der Buche bei uns im Jura nie gekommen. An Wegrändern und aufgelassenen Waldwiesen fliegt meist der Bergahorn, auf feuchteren Boden auch die

Eibe (Taxus baccata)

Bergahorn
(Acer pseudoplatanus)

Esche an, und als Rest einer frühern Kahlschlagwirtschaft versucht die Espe, auch Zitterpappel genannt, mit ihrer Wurzelbrut dem Wald verlorenes Gebiet wieder zurückzuerobern.

Waldschäden

Von weitem gesehen scheint unser Wald noch heil zu sein. Einzelne abgestorbene Bäume gab es schon immer, sei es als Folge von Dürrejahren, oder einfach durch den Konkurrenzdruck um Nahrung und Licht. Schneedruck und Windwurf sind leider für die Montanstufe typisch. Aber jetzt mehren sich die Zeichen, dass unser Wald als Ganzer leidet. Die Wuchskraft der Bäume lässt nach, schmalere Jahrringe zeigen dies an. Einzeln oder gruppenweise sterben Bäume ab, die normalerweise noch manche Jahrzehnte ausgehalten hätten.

Herrscht bei Hochdrucklagen im Herbst und Winter eine Temperaturumkehr mit Hochnebel über dem Tal, so sammeln sich die Schadstoffe an der Obergrenze der Kaltluft an, also ausgerechnet in der Bergstufe. Hier zerstören sie die Nadeln der Tannen und Föhren. Die Laubhölzer wurden vorerst weniger geschädigt, da sie zu dieser Zeit ohne Blätter waren. Aber nun hat das Übel auch den Boden und damit die Feinwurzeln erreicht. Ohne diese kann sich der Baum weder ernähren noch verankern. Er kümmert, und Wind und Nassschnee haben wenig Mühe, ihn umzuwerfen. Geschwächte Bäume können sich auch nicht gegen Pilze und Insektenfrass wehren. Deren Aufgabe in der Natur ist es ja eben, die im Konkurrenzkampf Unterlegenen möglichst bald wieder in fruchtbaren Humus zu verwandeln. Der Borkenkäfer vollendet nur, was der Mensch durch die Umweltvergiftung ausgelöst hat. Seine Bekämpfung verzögert nur das drohende Unheil, kann es jedoch nicht aufhalten. Ganz falsch ist es, in unsern naturnahen und gut gepflegten Jurawäldern die Schuld an der Waldkrise einer mangelnden oder gar falschen Forstwirtschaft in die Schuhe schieben zu wollen, um sich nach dem Schwarzpeterprinzip vor der eigenen Verantwortung zu drücken. Wie äussert sich nun diese Krise bei den einzelnen Arten?

Alle *Nadelhölzer* verlieren die immer noch nötigen älteren Nadelgenerationen. Sie erscheinen nur schütter benadelt, sozusagen fadenscheinig. Um den Verlust wettzumachen, bilden sie Klebäste am Stamm. Rottannen zeigen auf der Astoberseite kurze Angsttrieblein. Weisstannen bilden schon in der Jugend die sonst für den ausgewachsenen Baum kennzeichnende Storchennestkrone ohne eigentlichen Gipfeltrieb. Früher setzten die Nadelhölzer nur alle paar Jahre einmal Zapfen an, heute geschieht dies fast alljährlich; auch dies gilt als schlechtes Zeichen, ist es doch, wie wenn der Baum vor seinem eigenen Tod noch möglichst viele Nachkommen hervorbringen möchte.

Die *Rotbuche* bildet weniger und kleinere Blätter, die Krone erscheint durchsichtiger, oft kommt es zu vorzeitigem Laubfall. Kurztriebe zeigen nur noch eine Knospe und sind

Esche (Fracinus excelsior)

Rottanne, Fichte (Picea abies)

Tannenmeise
(Parus ater)

Zaunkönig
*(Troglodytes
troglodytes)*

Singdrossel
(Turdus philomelos)

krallenartig nach oben gekrümmt. Langtriebe bleiben dünn und schlaff. Wenn sie nicht im Winter erfrieren, bilden sie lange, dünne Peitschenäste. Ob die Buchenwoll-Laus der Überträger, oder nur eine Begleiterscheinung der Schleimfluss-Nekrose ist, bleibt vorerst noch unklar. Befallene Buchen stossen ihre Rinde plattenweise ab, die Wunde schleimt, und die kranken, meist ältern und kräftigen Bäume sterben innert wenigen Wochen ab.

Schon vor dem letzten Weltkrieg hat man bei Alleebäumen in Basel das Ulmensterben festgestellt. Seither hat es auch unsere Gegend erreicht. Auslöser ist der Ulmensplintkäfer. Er züchtet in seinen Frassgängen einen Pilz, der anscheinend amerikanischen Ulmen nicht schadet, unsere aber bald abtötet. Der Lebensweise der Käfer entsprechend befällt er nur Bäume von einer bestimmten Dicke, junge Bergulmen sind dagegen noch gesund. Auch wenn sich, dank einiger feuchter Sommer, der Rhythmus des Waldsterbens anscheinend verlangsamt hat, so ist es dennoch fraglich, wie weit es sich aufhalten lässt. Die Schadstoffbelastung der Luft ist trotz aller Massnahmen immer noch sehr hoch. Würde der Wald bei uns im Bergland völlig zerstört, hätte dies katastrophale Folgen. Wassermangel bei Trockenheit, vermehrte Erosion mit Steinschlag, Schutt- und Lehmströmen, Bergrutsche und Überschwemmungen würden unser Bergland bald unbewohnbar machen.

Die Tierwelt unseres Gebietes

Von grösseren Säugetieren erblickt man noch am ehesten das Reh, manchmal auch Hasen. Gemsen wechseln hie und da dem Fuss der Enzianflue entlang. Nur alle paar Jahre trifft man auch Wildschweine als Wechselwild an. Fuchs, Dachs und Steinmarder, den Spuren nach aber auch der selten gewordene Baummarder gehen nachts ihrer Beute nach. Meist verraten nur ihre Trittsiegel in Schnee oder feuchtem Boden ihre Anwesenheit; es sei denn, man habe das Glück, spielenden Fuchswelpen am Bau zuschauen zu dürfen.

Auffälliger sind die Vögel. Kaum ist im ersten Morgengrauen der letzte Balzruf des Waldkauzes verklungen, beginnen im Frühling schon die Rotkehlchen zu trillern. Schlagartig setzt darauf der Jubelgesang von Amsel, Mistel- und Singdrossel ein. Etwas später steht der Buchfink auf. Mönchs- und Gartengrasmücke plaudern und jodeln aus den Gebüschen, der Zaunkönig und die Heckenbraunelle stimmen in den Chor ein. Der Zilpzalp gibt ihm den Takt an. Schon im Sommer vereinigen sich die verschiedenen Meisen zu Schwärmen. Tannen- und Haubenmeisen und mit ihnen die winzigen Sommer- und Wintergoldhähnchen ziehen Nadelhölzer vor.

Im Gebiet von Bärengraben und Mittlerem Stein fliegen die zierlichen Schwanzmeisen in kleinen Familientrüpplein von Zweig zu Zweig. Bergstelze und Wasseramsel halten sich eng an den Bach. Unser mächtigster Singvogel, der bussardgrosse Kolkrabe, nistet in den Flühen und macht sich durch seinen knarrenden Bass und die akrobatischen Flugspiele bemerkbar. Zu unserer Berglandschaft gehört auch der krähengrosse Schwarzspecht. Mindestens ein Paar nistet in der weiteren Umgebung und sucht im Gebiet des Lehrpfades seine Nahrung.

Von den Kriechtieren wagen sich nur Blindschleiche und Bergeidechse in den kühlen Bergwald. Grasfrosch und Erdkröte laichen im Wasserfallenweiher. Ihre Kaulquappen («Rosschöpf») werden von den dort eingesetzten Forellen kaum dezimiert.

Die Unzahl der Wirbellosen harrt immer noch ihrer Katalogisierung. Am ehesten fallen einem die bunten Falter auf. Kleiner Fuchs, Tagpfauenauge, Kaisermantel und verschiedene Augen- und Schneckenfalter sind die häufigsten.

Sobald das Buchenlaub im Frühjahr austreibt, strebt das hellbraune Männchen des Nagelflecks schnurgerade niedrigen Fluges mehrere hundert Meter weit seinem stillsitzenden Weibchen zu. Ein besonders reizvolles Schauspiel bringen uns laue Vorsommernächte. Man glaubt, am Boden einen heruntergefallenen Sternenhimmel zu sehen. Es sind viele Leuchtkäferweibchen, die an luftfeuchten Orten ihr Licht als Liebesbotschaft aussenden.

Schwarzspecht
(Dryocopus martius)

Zahlreiche Schneckenarten mit zierlichen Schalen bewohnen die Moospolster. Aber auch Riesen gibt es darunter, so die bekannte Rote Wegschnecke. Es fällt bei dieser Art aber auf, dass sie im Frühjahr, entgegen ihrem Namen nie rot, sondern schwarzbraun ist. In den unteren Teilen des Gebietes tauchen dann rote Tiere im Sommer auf, während in der Höhe nur dunkle zu finden sind. Die rote Waldameise («Waleiste») fehlt leider heute so ziemlich im Bereich des Lehrpfades. Sie ist als Vertilger von Forstschädlingen wichtig, ihre Haufen sollen auch nicht bös- oder mutwillig gestört werden. Das Sammeln von Ameiseneiern, die ja die Puppen der Tiere sind, ist verboten.

Haubenmeise
(Parus cristatus)

Waldpflege und Waldwirtschaft

Von unserm 928 ha grossen Gemeindebann sind 369 ha Wald, also fast 40%. Es sind vor allem felsige Steilhänge, die unsere Vorfahren von der Rodung verschont haben. Tiefgründige, fruchtbare Böden wurden zu Acker- und Wiesland, nicht allzu steile Waldpartien dienten als Waldweide. Mit dem Aufkommen der Stallfütterung hörte man auch mit der Waldweide auf und überliess diese Weiden, sofern sie sich nicht für Wies- und Ackerland eigneten, oder für die Bewirtschaftung vom Dorf aus zu abgelegen waren, wieder dem Wald.

Der grösste Waldbesitzer bei uns ist die Bürgergemeinde. Ihr gehören im Banne Reigoldswil rund 283 ha, dazu besitzt sie noch etwa 16 ha in der Säuschwänki im Waldenburgerbann, nebst 2 ha in den Bännen von Titterten und Lauwil.

Sommergoldhähnchen
(Regulus ignicapillus)

Vor der Kantonstrennung 1833 gehörten diese Wälder der Stadt Basel als dem Landesherrn. Man bezeichnete sie als «Hochwälder», d. h. der Obrigkeit gehörend. Von 1723 an wurden sie mit Grenzsteinen mit dem Zeichen «HW» ausgemarcht.

Die Baselbieter Gemeinden durften zwar aus diesen ihren Holzbedarf decken; dies geschah aber oft sehr ausgiebig und rücksichtslos, sehr zum Ärger der Basler «Waldherren». Der junge Kanton Baselland vermachte diese Wälder gemäss der Kantonsverfassung den Bürgergemeinden gegen eine Barablösung. Damit waren diese aber auch für die Waldpflege verantwortlich. Dies war nach der ungeregelten Bedarfsplünderung keine leichte Aufgabe. Dank den strengen Vorschriften des Eidgenössischen Forstgesetzes von 1902 und der Kantonalen Forstverordnung von 1903 und der Oberaufsicht des Kantonsforstamtes, aber auch durch die zielbewusste Arbeit fachkundiger Gemeindeförster besitzt Baselland heute überall vielseitige und vorratsreiche Wälder.

Zum Glück eignete sich unser bergiges Gelände nicht für den im letzten Jahrhundert – und im Nordschwarzwald bis heute – betriebenen «Holzackerbau» oder «Egartenwirtschaft», d. h. grossflächigen Abtrieb, oft mit landwirtschaftlicher Zwischennutzung und nachfolgender Monokultur von Föhren, Fichten und Tannen. Die Bodenreinertragstheorie hatte man sich aus der Landwirtschaft und aus ausländischen Erfahrungen geholt. Die schweizerischen Forstwissenschafter reden seit Anfang des 20. Jahrhunderts der naturgemässen Waldpflege, sowohl in der Artenzusammensetzung, als auch in der Schlagführung das Wort. Ihr Ziel ist ein standortgerechter, artenreicher, gesunder Wald mit möglichst grossen Vorräten an Wertholz (Sagholz). Den Erfolg darf man bei uns sehen. Im ganzen Gemeindebann stocken heute ansehnliche Hochwälder, diesmal im forstlichen Sinne gemeint. d. h. alle Bäume sind aus Sämlingen entstanden. Nur wenige, flachgründige Waldpartien zeigen noch Spuren des ehemaligen Niederwaldes. Dieser wurde in kurzem Umtrieb kahlgeschlagen und als Brennholz genutzt, seine Verjüngung geschah durch Stockausschläge. Zunächst schützte man die jungen Schläge vor dem Vieh durch Weidgräben, da Holzzäune bei dem chronischen Holzmangel streng verboten waren. Sobald aber die Stockloden, die jungen Austriebe, den Mäulern der Tiere entwachsen waren, wurde der Wald wieder der Weide geöffnet. Heute lässt man solche Wälder meist hochwaldartig auswachsen, d. h. man schont die besten «Läufe». Wertholz lässt sich aber auch so nicht erziehen, daher versucht man durch Einpflanzung solche Abteilungen in eigentlichen Hochwald überzuführen.

Der Ertrag aus der Holzernte war früher für die Bürgergemeinden eine sichere und gewichtige Einnahmequelle. Stammholz guter Qualität findet aber immer seine Abnehmer, während das Industrieholz für Papier und Spanplatten kaum die Rüstkosten deckt. Brennholz war nach der Erdölkrise um

Seite 21
Max Schneider: Auf der Enzianflue. Blick gegen Reigoldswil, 1995

Waldweg im Hochjura

1972 wieder mehr gefragt, doch dämpfen die niedrigen Heizölpreise heute die Nachfrage wieder. Auch hier decken die Erlöse kaum die Holzhauereikosten. Da aber solche minderwertigen Sortimente bei der Waldpflege zwangsmässig anfallen, hat die Einwohnergemeinde in den Schulanlagen eine moderne Holzschnitzelheizung einrichten lassen. So lassen sich jährlich 1000 bis 1200 Ster Schnitzel zu garantierten Preisen verwerten. Dies ist ein Beitrag der Einwohnergemeinde an die Waldpflegekosten der Bürgergemeinde.

Die Waldpflege, wie Eingriffe in den Jungwald, verursacht in den ersten 30 bis 40 Jahren nur Kosten. Später zahlt sie sich aber aus, wenn in ferner Zeit vermehrt wertvolles Sagholz anfallen wird. Allerdings steigen die Arbeits- und Maschinenkosten ständig, die Holzpreise fallen oder stagnieren. Vor vierzig Jahren konnte man aus dem Erlös von einem Kubikmeter Sagholz zehn bis fünfzehn Arbeitsstunden bezahlen, heute noch knapp deren fünf.

Sollte sich diese Ertrags-Kostenschere völlig schliessen, so sollte man sich fragen, ob wir den Wald nicht einfach seinem Schicksal überlassen sollten. Nun bringt dieser nicht nur Holzernten hervor, sondern noch ganz andere, in Zahlen kaum zu fassende Werte für die Volkswirtschaft: Erosionsschutz und Schutz der Quellwasserversorgung, medizinische Wirkung als Sauerstoffspender und Staubfilter – unsere grüne Lunge – und die Funktion als Erholungsraum für gestresste Menschen. Aus diesen Gründen bleibt Waldpflege immer noch wichtig und nötig. Nur die Nutzniesser dieser «Wohlfahrtswirkung» des Waldes müssen ihr Scherflein dazu beitragen, z. B. die Einwohnergemeinde. Da unser Wald als Schutzwald eingestuft ist, erhält die Bürgergemeinde von Bund und Kanton Beiträge an die Jungwaldpflege, erschwerte Holzhauerei und Waldwegbau.

Ein Zankapfel zwischen Naturschützern und Forstleuten ist oft der Waldwegbau. Jene fürchten das Zerschneiden natürlicher Biotope und die Unruhe, die durch Wanderer, Mountain-Biker und motorisierte Ausflügler in den Wald gebracht wird; diese betonen mit ebenso viel Recht, dass bei der heutigen Personalknappheit und der Struktur des Holzhandels eine schonende und naturgemässe Waldpflege nur durch eine ziemlich dichte Erschliessung des Waldes durch Wege überhaupt möglich ist. Mit Lastwagen befahrbare Waldwege sind wichtig für die Holzabfuhr, gelten doch die Holzhandelsrichtpreise überall vom Verladeort auf Lastwagen an und unabhängig von der späteren Transportdistanz. Solche Fahrwege werden meistens mit dem am Ort beim Aushub gewonnenen Gehängeschutt verfestigt und ohne Not kaum versiegelt. Von ihnen aus gehen Rück- und Maschinenwege; diese bleiben unverfestigt. Durch sie vermeidet man Rückschäden, d. h. Stamm- und Wurzelverletzungen stehender Bäume, als Eingangspforten für Schädlinge gefürchtet, oder die unnötige Zerstörung des Unterwuchses. Die Erstellung und Benützung dieser Nebenwege fällt sowieso mit den Pflege- und Hauungsarbeiten in der betreffenden Abteilung zusammen, so bleibt die Störung zeitlich beschränkt. Nach getaner Arbeit lässt man diese Wege wieder einwachsen.

Zudem bringen solche Schneisen Licht und damit Ansiedlungsmöglichkeiten für allerlei Kräuter, Sträucher und Lichtbaumarten; es entstehen sozusagen «innere Waldränder». Der befürchtete private Motorfahrzeugverkehr auf Waldwegen muss durch Verbote verhindert werden.

Der Forstdienst in Reigoldswil

Im Grundsatz ist der Waldbesitzer für dessen Pflege verantwortlich. Er kann aber nicht einfach drauifloswirken, sondern ist an die sehr eng abgesteckten Bestimmungen des eidgenössischen und kantonalen Forstgesetzes gebunden.

Bergstelze (Motacilla cinerea)

Als Waldeigentümer ist die Bürgergemeinde die oberste Instanz. Ihre Versammlung entscheidet über Budget, Wegbauten, Aufforstungen und Landkäufe und -verkäufe. Ihr ausführendes Organ ist der Einwohnergemeinderat, denn wir haben keinen besondern Bürgergemeinderat. Aus seiner Mitte ernennt er den «Waldchef», den Departementsvorsteher für das Forstwesen. Er hat die Aufsichtspflicht über die beschlossenen Arbeiten und über den Holzverkauf. Der Kreisoberförster, der Gemeindeförster und er stellen die Kultur- und Hauungspläne auf, diese müssen aber vom Gesamtgemeinderat in Kraft gesetzt werden.

Das Kantonsforstamt hat nur so weit Durchsetzungsmöglichkeiten, wenn es um die Einhaltung der Forstgesetze von Bund und Kanton geht. Als beratende Stabsstelle ist aber seine Mitarbeit sehr geschätzt. Der von ihm beamtete Kreisoberförster hilft mit beim Planen neuer Erschliessungen, beim Anzeichnen der Schläge und, wie schon erwähnt, beim Erstellen der Kultur- und Hauungspläne. Periodisch erstellt er auch den ausführlichen Waldwirtschaftsplan.

Für die Berechnung des Holzvorrates und des Zuwachses dient die Kluppierung: Die Bäume mit mindestens 16 cm Durchmesser in Brusthöhe werden mit der Waldkluppe, einer grossen Schieblehre, ausgemessen, die gute Stammhöhe geschätzt und so die stehende Holzmenge berechnet. Früher führte man diese Kluppierung auf dem gesamten Waldgebiet durch, dann liess man schlechtwüchsige, steile Felspartien als «blaue Zone» beiseite. Heute beschränkt man sich auf Stichproben von je drei Aren pro Hektar. Damit spart man Zeit und Arbeitslöhne, sind doch solche Stichproben nach den Gesetzen der modernen Statistik für praktische Zwecke ebenso aussagekräftig wie eine Gesamtkluppierung. Im Sinne des Nachhaltigkeitsprinzips wird nach dem Ergebnis der Hiebsatz festgesetzt, d. h. die Holzmenge, die pro Fläche und Jahr geerntet werden darf, ohne dass man Raubbau treibt. Fällt als Opfer von Schneedruck und Sturmwurf mehr Holz an, als dem Hiebsatz entspricht, so muss der Reinerlös aus solchen Zwangsnutzungen in den Forstreservefonds eingelegt werden. Dieser dient dazu, ausserordentliche Ausgaben, wie den Waldwegbau, zu finanzieren.

Der Förster, seit 1957 im Vollamt, führt die allgemeine Aufsicht, auch über die Privatwälder. Er überwacht die vom Gemeinderat oder vom Kantonsforstamt angeordneten Arbeiten und führt solche, wenn möglich, mit seinen Leuten selbständig durch. Neben der Arbeit im Wald muss er noch Stunden- und Holzlisten oder Rapporte an das Kantonsforstamt erstellen, Akkordabrechnungen kontrollieren und mit dem Waldchef zusammen den Holzverkauf vornehmen. Auch bildet er seit 1971 mit Erfolg Forstwartlehrlinge aus. Solche Forstwarte sind in allen anfallenden Waldarbeiten geschult; sie führen unter Anleitung des Försters auch selbständig Schläge durch. Als Revierförster betreut seit 1963 unser Förster auch die ausgedehnten Wälder der Nachbargemeinde Lauwil, seit 1989 auch noch die der Gemeinde Bretzwil.

Grössere Schläge können rein zeitmässig nicht mehr mit dem eigenen Personal durchgeführt werden. Noch vor wenigen Jahren war diese im Akkord vergebene Arbeit ein willkommener Winterverdienst mancher Bauern. Heute haben sie kaum noch Zeit dafür, daher zieht man spezialisierte Forstunternehmer aus der Nachbarschaft zu. Diese bringen neben ihrer Fachkenntnis auch die nötigen Leute und Rückmaschinen oder -pferde mit.

Verjüngungen im Wald, vor allem Anpflanzungen, auch junge Obstbaumkulturen im Landwirtschaftsgebiet, müssen durch Zäune vor dem Verbiss und vor Fegeschäden des Rehbockes geschützt werden. An die Kosten zahlt der Grundbesitzer ein Drittel, die Einwohnergemeinde als Nutzniesserin der Jagdgerechtsame ein weiteres Drittel, das letzte Drittel wird der Jagdgesellschaft «Bärengraben» belastet; sie kann es durch die Mithilfe beim Aufstellen der Zäune abgelten.

Zum Schluss

Nun haben Sie, lieber Naturfreund und Wanderer, den Pfad in der einen oder andern Richtung abgeschritten. Mit den angeschriebenen Bäumen und Sträuchern werden Sie aber erst vertraut werden, wenn Sie sie genau beobachten, sich ihre Merkmale einprägen und sie wenn möglich in den verschiedenen Jahreszeiten besuchen.

Dann werden sie Ihnen von flüchtigen Bekannten zu Vertrauten. Gerne hoffen wir, dass Sie alsbald unsern Bergwald mit Verständnis erleben. Dann werden Sie alles unterlassen, was ihm schadet, und alles unterstützen, was ihm nützt.

Der Waldlehrpfad Reigoldswil–Wasserfallen entsprang der Initiative von Waldchef Hansruedi Sutter und Gemeindeförster Max Roth. Ihnen stand eine Kommission zur Seite, in der die Einwohner- und Bürgergemeinde Reigoldswil, der Verkehrs- und Verschönerungsverein und die Biologielehrer der Sekundarschule Reigoldswil vertreten waren. Der Verfasser dieses Beitrages übernahm die biologische Bearbeitung. Förster Max Roth und Kreisoberförster Willy Keller haben ihm dazu wertvolle Ergänzungen und Korrekturen geliefert.

Die Einwohnergemeinde kümmerte sich um die Beschaffung der Schilder und Wegweiser, Max Roth um deren Aufstellung. Die Autobus AG Liestal und Privatpersonen spendeten namhafte Beiträge an die Verwirklichung des Planes. Die Eröffnung erfolgte im Jahre 1990.

Literaturhinweise
Amann G. (1954): Bäume und Sträucher des Waldes. Melsungen
Amann G. (1969): Bodenpflanzen des Waldes. Melsungen
Godet J. D. (1983): Knospen und Zweige. Bern
Küchli Chr. (1987): Auf den Eichen wachsen die besten Schinken. Frauenfeld
Moor Max (1962): Einführung in die Vegetationskunde von Basel und Umgebung. Basel
Polunin G. (1977): Bäume und Sträucher Europas. München
Schütt P. et al. (1983): So stirbt der Wald. München.

Nagelfleckfalter (Aglia tau)

Lorenz Häfliger

Eine Sumpfwiese in Oberbeinwil

Das Gasthaus Neuhüsli: die südländisch anmutende Rückfassade

Hinter dem Neuhüsli, dem früheren Kurhaus und heutigen Restaurant in Oberbeinwil, befand sich früher ein See. der in der Zwischenzeit zu einer Sumpfwiese geworden ist, auf der vielerlei für einen solchen Standort typische Pflanzen wachsen.

Das ganze Gebiet steht unter Naturschutz. Auf einer schon etwas vergilbten Tafel liest man, es sei verboten. von den Wegen abzuweichen. Man sucht jedoch vergeblich solche Wege, von denen man abweichen könnte. Schon reiner Selbsterhaltungstrieb hält aber den Pflanzenfreund von Eskapaden ab, denn sumpfige Wiesen sind immer tückisch. Man kann sich auch vom Rande her an dieser Blütenpracht freuen. Über die ganze Fläche verstreut leuchten die weissen Blütenstände der Moor-Spierstaude (Filipendula ulmaria), die bis zwei Meter hoch wird. Weiss sind auch die Blütenstände zweier Doldengewächse, die man hier antrifft. Eine Verwechslung ist kaum möglich. Bei den Doldengewächsen sitzen die vielen kleinen Blüten auf Stielen, die von einem gleichen Punkt ausgehen, bei der Spierstaude hingegen sind die Blüten auf verschieden lange Stiele verteilt.

Ein früher als Heilpflanze geschätztes Doldengewächs ist die Wilde Brust- oder Engelwurz (Angelica silvestris) mit riesigen, reich verzweigten Blättern. Schon die Pfahlbauer in der Jungsteinzeit haben, wie Funde bezeugen, die Pflanze geschätzt. Junge Blätter und Stengel, in Salzwasser abgekocht, wurden früher als Gemüse genossen.

Die Wurzel lieferte ein Mittel gegen Brustkrankheiten, was der Pflanze den Namen gegeben hat, und zur Magenstärkung und Nierenkräftigung. Hieronymus Harder pries sie 1574 als «hochgelobtes und hailsames badkraut», das mit gesottenem Sanikel zusammen einen schwer verwundeten Fechter in vierzehn Tagen «sauber fertig und hail» gemacht habe.

Eine durchdringend nach Benediktinerlikör riechende verwandte Art aus Nordeuropa, Angelica archangelica, ist bisweilen in Kräutergärten anzutreffen. Durch Einsieden mit Wacholderbeeren und Zucker wird «Angelica-Honig» hergestellt, gegen übelriechenden Atem und Brustenge.

Angelikabranntwein mit Kampfer wird bei rheumatischen Rückenschmerzen eingerieben. Junge Stengel und Blattstiele der Abart norvegica werden im Norden als Leckerbissen roh verspeist. Die Pflanze wurde früher in vielen Gegenden kultiviert. Zusammen mit Melisse, Pfefferminz, Koriander, Anis, Fenchel, Zimt, Safran, Muskat, Zitronen, Kardamonen, Ingwer, Piment, Gewürznelken und Bisamkörnern wird sie zur Herstellung des «Chartreuse»-Likörs benötigt, weshalb sie früher vor allem in Klostergärten gezogen wurde.

*Wilde Brustwurz
(Angelica silvestris)*

Nicht nur rings um diese Sumpfwiese, fast überall blüht im Sommer auch ein anderes Doldengewächs, der Wiesen-Bärenklau (Heracleum sphondylium), der bis zwei Meter hoch werden kann. Seine Blüten sind meistens weiss, selten rosa bis bläulich getönt. Und man erkennt ihn ohne weiteres an den äussersten Blüten seiner mächtigen Dolde: Die nach aussen gerichteten Kronblätter sind grösser als die inneren.

Junge Blätter sollen ein gutes Futter für Kaninchen und Hühner sein, in den Pyrenäen werden damit auch die Schweine gefüttert. Gekochte Wurzeln galten als heilkräftig gegen Geschwüre und als verdauungsfördernd. Aus den Blättern und Früchten wurde früher in slawischen Ländern ein alkoholisches Getränk, «Bartsch», hergestellt, als Bierersatz für arme Leute.

Im Gebiet um den Weiher blüht im Juli und August auch die Wilde Karde (Dipsacus silvester), die auf den ersten Blick wie eine Distel aussieht. Am bis 2,5 Meter hohen, kantigen Stengel wachsen bis 30 Zentimeter lange Blätter. Die ganze Pflanze ist mit vereinzelten Stacheln besetzt, so dass sie vorsichtig angefasst werden muss. Das fast faustgrosse, eiförmige Blütenköpfchen besteht aus vielen, meist violetten, selten weissen Blüten.

Aus dem getrockneten Laub lässt sich ein indigo-ähnlicher, wasserlöslicher blauer Farbstoff, Dipsacotin, gewinnen. In Webereien wurden früher die getrockneten Blütenstände wegen ihrer hakenförmigen Spitzen zum Aufrauhen von Wolltüchern verwendet. Als Weberkarde ist jedoch nur eine kultivierte Abart brauchbar.

*Moor-Spierstaude
(Filipendula ulmaria)*

Paul Suter

Einige interessante Flurnamen an der Wasserfallen

Bärengraben
Früher Teil der Bergweide zwischen Mittler Stein und Enzianflue. Namengebung vielleicht im Zusammenhang mit einer Bärenjagd im Jahre 1614; «Die Wallenburger fiengen in der Wasserfalle einen sehr alten bären, so um diess gegend gar viel vieh etlich jahr her aufgetrieben.» Das Vorhandensein eines Bärenseils (61 m lang, jetzt im Besitz des Kantonsmuseums Baselland) erinnert ebenfalls an die früher häufiger vorkommenden Raubtiere.

Brotträger
So hiess früher eine grosse Buche bei einem Felsblock am alten Wasserfallenweg nahe der Stäge. Hinweis auf eine Bluttat in alter Zeit; Georg Friedrich Meyer bemerkt in seinen Feldaufnahmen; « beym brottrager, der alda ermört worden».

Eiset
Alte abgeschliffene Namensform. 1446 «jn meiseret under der flu hinden», 1515 «in meysshart». Vielleicht zu einem Personennamen Meisshart, später aus «im Meisert» durch Deglutination: im Eiset.

Glattenberg
1726 erstmals erwähnt, Wald und Gemeindeweide. Die Bezeichnung «glatt» bezieht sich wohl auf den nassen, schlüpfrigen Zugang zur Bürtenweide, bevor die Bürtenstrasse gebaut wurde.

Huerewägli
Mündliche Tradition. 1681: «hurenweglin», 1735/36: «Hurenweg», 1925/28 «Hurtigweglein». Diese «mildernde» Namensform wurde anlässlich der Bannvermessung 1925/28 vom Gemeinderat vorgenommen – die Basler der umliegenden Herrschaftsgüter sagten euphemistisch Häxewägli – setzte sich aber nicht durch. Der ominöse Flurname hängt offenbar mit einer 1622 widerrechtlich angelegten Wegverbindung von der

Die Spitze der Fahnenstange deutet auf das Huerewägli, das etwa quer durch den Hang verläuft.

*Max Schneider:
Im Bärengraben, 1995*

solothurnischen hinteren Wasserfallen nach der Bürtenweid zusammen, die in der Zeit konfessioneller Gegensätze aus finanziellen (Umgehung des Zolls in Reigoldswil) oder aus strategischen Gründen vorgenommen wurde. Der Ausdruck «Huere» ist in diesem Fall als Fluchwort, als Ausdruck der Verwünschung, zu verstehen.

Nesselboden

Heute aufgeforsteter, etwas feuchter auf Bergterrasse gelegener Teil der Gemeindeweide, wurde nach Aufhebung des Weidganges einige Jahrzehnte als Mattland genutzt.

Säuschwänki

Wasserfall über der Enzianfluh. Bei der Anlage der Bürtenstrasse (1922/24) wurde dieser Wasserfall etwas nach Norden verlegt; das Wasser stürzt nun über die höchste Stelle des Felsens, durch den der Strassentunnel führt, in die Tiefe. Der Name hängt mit dem früheren Weidebetrieb zusammen, denn nach Kundschaften von 1553 und 1772 wurde mit der Schweineherde auf der Wasserfallen zu «Acherig» (Weide der Bucheckern und Eicheln) gefahren. Da liessen sich die Borstentiere an heissen Tagen sicher gerne vom Wasserstrahl «abschwänken»!

Schelmenloch

Anlass zu diesem Namen könnte eine Begebenheit des Jahres 1579 gegeben haben, die H. F. Haffner in seinem «Solothurner Allg. Schaw-Platz» (1666) erwähnt: «Ist ein böser Mörder / dessen 12 Gesellen sich auff der Wasserfalle eine gute

*Die Hintere Wasserfallen
Anfang Winter*

Zeit lang in einer Höli / so sie in den Felsen gegraben / auffenthalten / und vil Persohnen ermördet / in der Vogtey Dorneck behändiget / nacher Solothurn gefänglich eingebracht und justificiert worden.» Nach einer anderen Überlieferung hätten sich in einer Höhle im Schelmenloch zwei Räuber aufgehalten, die Wanderern auf dem Wasserfallenweg auflauerten und sie ausplünderten.

Waibelloch

Wird oft mit dem Schelmenloch oder mit dem Tunneleingang der Wasserfallenbahn verwechseln. Er befindet sich hinter Eiset, wo der Wanderweg zum Schelmenloch beginnt. Es ist ein mannshoher Stollen, der ein paar Meter in den anstehenden Kalkfelsen hineinführt. Hier wollte der Mineraloge Waibel aus Basel um 1828 Steinkohlen graben und zugleich einen Tunnel für Fussgänger nach Mümliswil erbauen. Wegen Geldmangels wurde die Grabung aber bald eingestellt. Zur Zeit des Eisenbahnbaus (1874/75) diente der mit einer Tür versehene Stollen als Magazin für Sprengpulver.

Wasserfalle
oder in der Wasserfallen (alter Dativ Einzahl)
    Bezeichnung des Felszirkus der hinteren Frenke, wo die Quellbäche an verschiedenen Stellen über die Felskante hinunterstürzen. Der Flurname war ursprünglich nur auf den Steilabfall beschränkt, wurde aber später auf den Passübergang, die Hofsiedlungen und die Berge der Umgebung erweitert. Erste urkundliche Erwähnung 1399 «uff untz die Wasservallen».

Emanuel Büchel: Bei der «Säuschwänki» am Wasserfallen-Saumweg. Zeichnung, 1754

Literatur
Paul Suter, Ausgewählte Schriften zur Namenforschung. Liestal 1989

Paul Suter

Die Bergnamen Passwang und Hohe Winde

Der Passwang[1] erscheint auf der Landeskarte 1: 25 000 als Benennung des Felsgrates, der an den Vogelberg in westlicher Richtung anschliesst. Sodann betrifft er die drei Einzelhöfe Ober-, Mittler- und Unter-Passwang und war auch für die Strassenverbindung Lüsseltal – Ramiswil – Mümliswil namengebend.

Der Vorläufer der Landeskarte, der Topographische Atlas 1:25 000, nennt den Felsgrat wie heute, hält aber die Einzelhöfe als Barschwang fest und verwendet für Weide und Wald auf der Nordseite die Namen Schwang und Schwangwald. Der Flurname Schwang endlich wurde auch von der Landeskarte für die gleiche Lokalität übernommen.

Im mündlichen Sprachgebrauch hat sich bei älteren Leuten der Name Schwang und Baschwang für den Berg und die Ein-

An der flacheren Nordseite des Passwangs: altes Rodungsgebiet mit Weidstall

zelhöfe erhalten. So fragte man noch vor einigen Jahren in Lauwil etwa: «Weit-er uf e Schwang?» Durch den Einfluss der Schule und der Landkarten ist die alte Namensform aber stark zurückgegangen. Mit der Erklärung der Bedeutung des Bergnamens hat man es sich vor Jahrzehnten eher leicht gemacht. So explizierte der Deutschlehrer Th. Tanner in der Bezirksschule Waldenburg: Entsprechend dem solothurnischen Hang für Hand, Ching für Chind, geht Wang auf Wand zurück, also die Wand (d. h. Fluh) am Passübergang. Ähnlich erklärte J.J. Mähly am Gymnasium in Basel. Aber schon Fr. Baur zweifelte in seinem Büchlein «Die Umgebung von Basel» (1903) an der Richtigkeit dieser Namendeutung. «Wand» als Bezeichnung für Felsgrat und Fluh ist im Jura nicht gebräuchlich, ebenso ist das Fremdwort «Pass» für Bergübergang kaum volkstümlich.

Heute geht man beim Erklären in erster Linie auf frühere urkundliche Belege zurück und berücksichtigt auch die ortsübliche Sprechform.

In einer Grenzbeschreibung von 1289 heisst es deutlich Barschwand, 1527 Boschwand und 1531 Porschwanden. Das Grundwort schwand bedeutet einen durch Rodung gewonnenen Teil der Alp (zu schwinden, Schwund – schwinden oder roden des Waldes). Offensichtlich stammt der Name von der weniger steilen Nordseite des Berges, wo er noch als «Schwang» erhalten geblieben ist. Das endlautende d (statt g) in den Urkunden dürfte auf die städtischen Schreiber zurückgehen. Die Tatsache, dass auch in Reigoldswil Schlung für Schlund in einem Flurnamen gesprochen wird und sich in Bretzwil Brang für Brand erhalten hat, spricht für ein früher grösseres Ausdehnungsgebiet der ng-Sprechweise.

Das Bestimmungswort Bar-, Por-, Ba kann nichts anderes als bar (zu barfuss) oder blutt bedeuten, der zusammengesetzte Flurname «kahle Rodung» oder «Kahlschlag».[2]

Die Hohe Winde im Gemeindebann Beinwil, mit gleicher Meereshöhe wie der Passwang (1204 m), ist ein vielbesuchter Aussichtsberg. Sie wird vom Passwang in 2½stündiger Höhenwanderung erreicht.

Leichter und kürzer (½ Stunde) ist der Zugang vom Alphof Vorder Erzberg in der Nähe der Scheltenstrasse.

Verglichen mit dem Passwang ist die Deutung des Bergnamens Hohe Winde mit einigen Schwierigkeiten verbunden. Da die urkundlichen Quellen hier nahe der Sprachgrenze spärlicher fliessen. Unsere Ausführungen stützen sich auf einen umfangreichen Aufsatz des Basler Sprachforschers Gustav Adolf Seiler (1848–1936)[3].

Volkstümlich heisst der Berg d Winde, in Solothurner Mundart d Winge. Die welschen Nachbarn nennen ihn La Vignette oder La Vegnatte (zu la vigne = die Weinrebe). Da auf dieser Höhe wohl nie Rebbau getrieben worden ist, liegt einfach eine Umdeutung des anklingenden deutschen Namens vor.

Die Hohe Winde, vom Beibelberg aus gesehen

In der Grenzbeschreibung des Klosters Beinwil vom Jahr 1626 (Abschrift einer Urkunde von 1289) erscheint der Name als Orientierungspunkt: von der Winden der Schneeschmeltzi nach an Müselboden (heute Nüselboden). In einer späteren Grenzbeschreibung (1823) werden der Windengraben und das Windenloch genannt; diese Benennungen des tiefen Krachens auf der Nordseite des Berges finden sich auch auf der Landeskarte 125 000 von 1978. Im Unterschied zur Hohen Winde verzeichnet ein Plan von 1875 die Niedere Winde (auf der Landeskarte: die Kl. Winde).

Für die Namendeutung ergeben sich vier Möglichkeiten:
- die nach Norden freie Bergkuppe könnte ihren Namen vom Wind erhalten haben, der hier nicht übel tosen mag.
- die Winde als Pflanze wäre zu erwägen, aber kaum auf einer Bergweide, eher auf einem Ackerfeld.
- ein Besitzername. Eine Familie Wind wird 1660 für Solothurn bezeugt. In anderen Orten findet man Wind auch als Hausname. Für diese Möglichkeit könnte die Bezeichnung: Winden- oder Rothmatt (1820) herangezogen werden.
- die Winde als Holzaufzug. Eine solche Einrichtung aus neuerer Zeit ist für die Einzelhöfe Neuhof, Sagli-Rattis-Kratten bezeugt. In den letzten Jahren wurde ein Warenaufzug für die Klubhütte am Südhang des Berges montiert. Aus dem Mittelalter stammt das Hängeseil am Oberen Hauenstein bei Langenbruck. Analog dieser Einrichtung wäre eine Vorrichtung zum Abtransport von Holz und Alpprodukten durchaus möglich. Vielleicht gelingt es der Forschung, in den Akten des Staatsarchivs Solothurn einen schlüssigen Beweis für das Vorhandensein einer Holzwinde zu finden. Abschliessend entscheiden wir uns für die letztgenannte Deutung. Sie wird auch sprachlich durch das weibliche Geschlecht des Namens unterstützt. Die Einrichtung einer Holzwinde ist im waldreichen Gebiet des Gemeindebannes Beinwil, wo erwiesenermassen in früheren Jahrhunderten Brennholz auf der Lüssel in die Birs geflösst worden ist, mit grosser Wahrscheinlichkeit anzunehmen. Dass der Name einer technischen Einrichtung zur Bezeichnung eines ganzen Berges geworden ist, kann auch in anderen Beispielen bestätigt werden: der Wasserfall der Hinteren Frenke bei Reigoldswil hat sich auf den Bergübergang der Wasserfalle und die daran liegenden Einzelhöfe übertragen, wie auch die künstlichen Felsdurchbrüche auf Chräiegg und bei der Ortschaft Hauenstein für die Jurapässe Oberer und Unterer Hauenstein namengebend geworden sind.

Anmerkungen
[1] Paul Suter, Vom Passwang. BHbl. 8, 1972, S. 242 ff.
[2] Schweiz. Idiotikon 9, Sp. 1929, Sp. 1928 ff. – Wilhelm Bruckner, Schweiz. Ortsnamenkunde. Basel 1945, S. 214.
[3] Gustav Adolf Seiler, Die Namen Passwang und Hohe Winde, in: Basell. Zeitung, 20. Sept. 1928 und 12. Jan. 1929.

Der Passwang in der Kunst

René Salathé

Im August 1997 überraschte der Verein «Kultur im Thal» durch die Ankündigung einer unter dem Motto KULTUR-**PASS**WANG stehenden Ausstellung im Schmelzihof in Klus-Balsthal.

Wer diese Ankündigung als Hinweis auf eine dem Passwang gewidmete Ausstellung interpretierte, sah sich getäuscht: Der beherrschende Gipfel im Grenzbereich des Baselbieter Juras und der Solothurner Mümliswiler Landschaft war lediglich zum Markenzeichen eines grenzüberschreitenden Kulturaustausches zwischen den beiden Solothurner Regionen Schwarzbubenland und Thal stilisiert worden. So war denn folgerichtig in der Ausstellung keine einzige Darstellung des Passwangs zu sehen, und das ist kein Zufall, sondern hat offensichtlich Tradition.

*Bild links:
Emanuel Büchel: Der Wasserfall im Schelmenloch, Kupferstich, um 1760*

Bild rechts: Peter Birmann: Das Schelmenloch bei Reigoldswil. Sepiazeichnung, um 1800

Max Schneider: Im Schelmenloch, obere Partie, 1994

Denn im schweizerischen Landschaftsbewusstsein spielt der Jura verglichen mit den herausfordernden Alpen seit je eine untergeordnete Rolle. Während im 18. Jahrhundert eine eigentliche Alpen-Literatur und zahlreiche bildnerische Alpendarstellungen entstanden, fristete das Juragebirge eine Art Mauerblümchendasein. Stiller, weicher und unheroischer als die Alpen drängte es sich dem Besucher weit weniger auf als die magisch verklärten Schneeberge. Eine Ausnahme machte innerhalb des Juras nur das Birstal, das mit seinen romantischen Klusen, den unzähligen Burgruinen und der mit vielen Wasserspielen überraschenden Birs immer wieder neue Landschaftsausblicke eröffnete.

Auch der Baselbieter Jura lag abseits vom grossen Besucherstrom, entsprechend ist er ganz im Gegensatz zum Birstal nie Ziel einer «voyage pittoresque» gewesen. Anderseits profitierte er aber von seiner Nähe zur Kunststadt Basel. Immer wieder gab es in der Stadt ansässige Künstler, die sich mit der Basler Landschaft und ihren Motiven – den Dörfern, Kirchen, Burgen und Wasserfällen – malend und zeichnend auseinandersetzten.

Eine besondere Attraktion war das Schelmenloch bei Reigoldswil: Über Emanuel Büchels (1705–1775) Kupferstich, Peter Birmanns (1758–1844) Sepiazeichnung und J.J. Falkeisens (1803–1883) Aquarell (vgl. S. 118) reisst die Darstellungskette dieses kleinen Wasserfalls vom 18. bis ins 19. Jahrhundert nicht ab. Und auch gegen Ende des 20. Jahrhunderts hat der Schelmenloch-Wasserfall in Max Schneiders (geb. 1916) mit Tempera kolorierten Tuschzeichnungen seinen kompetenten Darsteller gefunden.

Dass auch die Dörfer an den Zufahrtsstrassen zum Passwang zeichnerische Beachtung gefunden haben, ist beinahe selbstverständlich: Peter Birmann hielt in einer Lavierung die Reigoldswiler Landstrasse mit dem Pfarrhaus und einigen

Bauernhäusern fest, Marquard Wocher (1758–1830) gab am 10. September 1800 mit «Beleuchtung abends 5 Uhr» die Aussicht aus dem «Dorff Reigoltzweyl» wieder (vgl. S. 121), und Anton Winterlin (1805–1894) schenkte der Passstrasse bei der Kirche von Beinwil seine Aufmerksamkeit.

Ein beliebtes Motiv ist bis in die jüngste Vergangenheit das Bogental mit der Ansicht des Vogelbergs. Peter Birmann hat es 1813 festgehalten, und aus dem gleichen Jahr stammt auch das Aquarell von Jakob Christoff Bischoff (1793–1825). Es gibt den Blick auf das bewegte Auf und Ab des Faltenjuras frei und rückt in romantischer Manier eine Hirtenszene in den Vordergrund. Arthur Riedel (1888–1953) dagegen reduziert seine Gouache-Darstellung auf das Einzelobjekt des heute auch als Wirtshaus genutzten Vogelberg-Bauernhauses. Inmitten der grünen Weidenflur tritt es dem Betrachter in feiner Pinselarbeit entgegen. Und wenn von Pinselschrift die Rede ist, darf auch Peter Suter (geb. 1929) nicht unerwähnt bleiben. Er stand und steht – die Aufsätze dieser Publikation beweisen es – im Banne des Passwangs. Als künstlerische Ergänzung zu seiner schriftlichen Passwang-Aussage diene die eindrückliche Schwarzweiss-Pinsel-Zeichnung «Blick von Hoggen östlich Reigoldswil auf das Emlistälchen und die Ulmethöhe»: Sie ziert als Titelbild den Jahrgang 1965 der «Baselbieter Heimatblätter».

Im Zusammenspiel von Passwang und Kunst darf nicht unerwähnt bleiben, dass unser Juraberg in Vergangenheit und Gegenwart öfters nicht als Kulisse, aber gewissermassen als Ausgangspunkt für panoramische Darstellungen seiner näheren und weiteren Umgebung gedient hat und dient. Das Inter-

Jakob Christoff Bischoff: Ansicht des Vogelbergs gegen das Bogental, Bleistift, Feder, Aquarell

Arthur Riedel: Vogelberg. Gouache

esse galt also weniger dem Berg an sich als vielmehr der lohnenden Aussicht, die man von seinem Gipfel aus geniesst. Den Anfang dieser mit Stift und Aquarellfarben nachempfundenen Aussichtsbegeisterung machte Peter Birmann mit seinem im Juli 1813 bei «später Morgenbeleuchtung» gezeichneten «Paschwang»-Panorama[1]. Es hält die Weite der Juralandschaft von Zwingen über die Vogesen und den Schwarzwald bis zum Wisenberg fest (21 x 169,1 cm). Ganz in birmannscher Tradition erschien kurz nach 1860 das als Lithographie gedruckte und früher auch im Buchhandel erhältliche Passwang-Panorama von Anton Winterlin. Es bietet eine vollständige Rundsicht (16,5 x 302 cm) und zeichnet sich durch frische farbige Tönung aus.

Die Passwang-Panoramen Birmanns und Winterlins stehen in einer eigentlichen schweizerischen Panorama-Tradition. Aus der natürlichen Dreiteilung der Schweiz in Jura, Mittelland und Alpen geboren, ist sie Ausdruck der gerade für unser Land so bezeichnenden Freude am Wandern und Gipfelbezwingen. So entstanden besonders im 19. Jahrhundert von den Jurahöhen, den Voralpen- und Alpengipfeln aus zahlreiche kreisförmige Rundbilder oder bandförmige, zum Zusammenfalten eingerichtete Ansichtsbilder. Sie boten den Reise- und Wanderlustigen die Landschaft sozusagen auf dem Präsentierteller an und ermöglichten eine mühelose Orientierung.

Das wohl bekannteste, 1906 als kolorierte Lithographie im Buchhandel erschienene Passwang-Panorama (15 x 183 cm) stammt von Fritz Dürrenberger-Senn (1869 – 1945). Seine Arbeit zeichnet sich «durch grosse Genauigkeit und Zuverlässigkeit der reichhaltigen topographischen Angaben (über 600 Orts- und Bergnamen!) aus. Durch verschiedene Farbstufen

Peter Birmann: Ausschnitt aus dem Passwang-Panorama, 1813

werden die in der Fernsicht stark verkürzten natürlichen Landschaften Jura, Mittelland, nördliche Voralpen und Zentralalpen, ja sogar die einzelnen Gebirgsketten voneinander unterschieden»[2]. Dürrenbergers Panorama, das 1972 eine Schwarzweiss-Neuauflage erfuhr, wirkt aus einem Guss, und niemand würde wohl vermuten, dass der Zeichner sich während zweier Jahre etwa 20mal auf den Passwang begeben hatte, um alle Einzelheiten festzuhalten. Dabei übernachtete er mitunter in der Umgebung des Berges, um günstige Sonnenuntergänge nutzen zu können. «Der allerschönste, kristallklare auf dem Passwang verlebte Tag war der 26. November 1905. Es bleibt mir unvergesslich, wie damals die Abendsonne einen unvergleichlichen Farbenglanz auf Berge und Täler legte.»

Panoramen sind keine eigentlichen Kunstwerke, sie dienen der Geografie, doch stehen sie ganz in der Tradition der naturgetreuen, künstlerischen Landschaftszeichnung des 18. und 19. Jahrhunderts. Während aber die Landschaftszeichnung längst von der Fotografie verdrängt worden ist, erfreuen sich gezeichnete Rundsichten noch immer grosser Beliebtheit, wie Neuauflagen alter Panoramen beweisen.

Anmerkungen
[1] Yvonne Boerlin-Brodbeck, Frühe «Basler» Panoramen: Marquard Wocher
(1760 – 1830) und Samuel Birmann (1793 – 1847), in: Zeitschrift für Schweizerische Archäologie und Kunstgeschichte Band 42, 1985, S. 307–314.
[2] Paul Suter, Baselbieter Panoramen, in: Baselbieter Heimatblätter, 11. Jg., Oktober 1946, S. 21–27 sowie 37. Jg., September 1972, S. 215–222.

*Peter Suter: Blick von
Hoggen östlich Reigoldswil auf das Emlistälchen
und die Ulmethöhe*

Alte Menüs aus dem Baselbieter Hinterland *Peter Suter*

Alle Speisen, von denen die Rede sein wird, basieren auf Selbstversorgung aus Feld und Stall. Sie widerspiegeln die damalige Wirtschaftsform und beruhen weitgehend auf den beschränkten Konservierungsmethoden. Es sind die typischen Mahlzeiten der Posamenterbauern, und sie modifizieren sich je nach Wirtschafts- oder Finanzlage. Fleisch wurde in wirtschaftlich guten Zeiten am Dienstag, Donnerstag und Sonntag auf den Tisch gebracht. In schlechten Tagen und bei armen Leuten gab es höchstens am Sonntag Fleisch. Verglichen mit heutigen Speisen war die Ernährung früher einfach, kräftig, ohne grosse Abwechslung, und stammte fast vollständig aus eigenem Boden.

Erzeugnisse der Pflanzgärten und Äcker

Aus Pflanzgarten und Feld stammten Mehl (Brot), Griess, Gerste und Hafer, Kartoffeln, Kohl und Kabis, Rübkohl, Kohlrübe, Kraut, Bohnen, Erbsen (Mues) und Zwiebeln. An Gewürzen kannte man Schnittlauch, Petersilie, Knoblauch und Salbei.

Der Obstbau lieferte Äpfel von teilweise grosser Haltbarkeit. Verglichen mit den heutigen Anforderungen waren die Früchte kleiner, dafür um so aromatischer. Vor allem pflegte man zwei Arten: saure Sorten wie zum Beispiel Chüngelbrünnler, Mischtöpfel und die edlen Läderöpfel; die süssen Früchte wie Zytliöpfel und Gisiöpfel sind heute nicht mehr gefragt. Eine ähnliche Situation finden wir bei den Birnen. Die süssen Birnen, wie die Spitzbirnen (Eierbire, Zuckerbire) und die kleinen, frühen Heubirnen wurden gleich geschätzt wie die Kannenbirnen, Schwarzibirnen und Wasserbirnen. Letztere sind die Früchte der markanten, landschaftsbestimmenden Bäume, welche leider immer mehr den Baumfällaktionen zum Opfer fallen. Ihre Früchte werden immer mehr den Ameisen, Wespen, Mäusen und Dachsen überlassen. Als Steinobst pflegte man Pflümli, Zipperli, Chriechli und die Kirschen.

Auch in der Pension Eichenhof bekamen die Gäste zur Hauptsache das auf den Tisch, was Garten und Feld hergab. Postkarte, um 1920

Produkte des Stalles

Neben Brot und Kartoffeln spielten alle Milchprodukte eine wichtige Rolle in der täglichen Nahrung. Eine wesentliche Stellung in der Selbstversorgung bei Zwergbetrieben kommt der Ziege zu. Milch, Butter (Anke), Rahm (Ruun) und Käse wurden in vielen Formen für die einzelnen Menüs verwendet. Jede Haushaltung hielt sich ein paar Hühner der Eier wegen. Das seltene Fleisch lieferten Schweine, junge Ziegen (Gitzi), Kaninchen und alte Hühner. Rindfleisch und Kuhfleisch (Chüeringgel) wurde ab und zu bei den wenigen Metzgern gekauft. Nur bei Schadenfällen (wie Blähen usw.) oder Überalterung der Tiere wurden Kühe und Ziegen geschlachtet.

Der Dorfladen

Die kleinen Krämerläden der Dörfer lieferten für die Nahrung meist nur Kaffee und die wesentlichen Gewürze, Zucker und Salz. Hauptsächlich würzte man mit Pfeffer, Muskat und Zimt. Kümmel und Wacholder sammelte man selbst auf Magerwiesen und im Wald.

Die Konservierung

Grosses Gewicht kommt der Kellerlagerung zu. Die damalige Bauweise und Heizart im Winter sowie die haltbaren Apfelsorten erlaubten eine lange Lagerung von Feldfrüchten und Obst. Von gleicher Bedeutung war das Trocknen (Deere) von Bohnen und Obst (Apfel, Birne, Kirsche und Zwetschge), teilweise in Form von Schnitzen oder als ganze Früchte (Wasserbirnen, Zwetschgen und Kirschen). Auf grossen Dörrhurden wurde an den Backtagen die letzte Ofenhitze ausgenutzt, um die wichtigen Wintervorräte zu präparieren. In jedem Keller befanden sich Standen (Steinguthafen) mit Sauerkraut, Sauerkohl und Sauerrüben. Aber auch Beeren und Früchte wurden «eingemacht» mit Hilfe von Zucker (Konfitüre). Als einzige haltbare Fleischkonserve wollen wir zum Schluss den geräucherten Speck und die Rippli erwähnen.

Baselbieter Speisen im Überblick

Es seien hier die typischen Baselbieter Menüs aufgeführt, wie sie noch zu Beginn dieses Jahrhunderts überall bestens bekannt waren. Wir werden am Schluss auf einzelne Rezepte besonders eingehen.

Fleischlos: Kartoffelstückchen mit Apfel- oder Birnenschnitzen, Schnäggechnöpfli mit Schnitzen oder Apfelmus, Mehlbabbe mit Apfelmus, saure Kartoffeln, Vogelheu, Apfelchrauschi, prägleti Härdöpfel, geschwellte Kartoffeln, Kartoffeln und Rüben, Kohlrabi und Kartoffeln, ungeschälte Bratkartoffeln und Apfelbabbe, Chrut (Spinat) mit Kartoffeln und Stierenaugen (Spiegeleier), Pfannkuchen (Apfel oder Kirschen), Chirsipfäffer, Wähen, Chüechli, Gugelhopf, Schänkeli, Trauffelen, Eierdätsch und Brot mit Milchkaffee, Brot-, Mehl-, Ruun-, Milch-, Kartoffel- und Muessuppe.

Mit Fleisch: Kartoffeln mit Schnitzen und Speck (Schnitz und drunder), Sauerspeise, Suppenfleisch (Chüeringgel), Hans und Joggi; Sauerkraut, Sauerkohl oder Sauerrüben mit Kartoffeln und Speck sind weitere solche Eintopfgerichte, Zibelegschmäus und Bratwürste, Gitziebraten oder Ragout mit Kartoffeln und etwas vom besten, der Säuprägel.

Auffallend ist die grosse Armut an Frischgemüsen. Es ist daher nicht verwunderlich, dass alle Leute im Frühling auf die ersten Wildgemüse versessen waren. Bärlauch (Allium ursinum L.), Brennessel (Urtica urens L. und U. dioeca L.), Löwenzahn (Taraxacum palustre) und Aronstab oder Ronechrut (Arum maculatum L.), Waidrapunzel oder Chalberchärne (Phyteuma spicatum L.) wurden als Gemüse gedünstet. Aronstab an weisser Mehlsauce zusammen mit geschwellten Kartoffeln wird noch heute im Frühling gegessen und als Kur (Dureputzete) gepriesen (4 bis 5 Blätter, mehr ist Gift!).

Nicht gekochte Gemüse in Form von Salaten sind Nüsslisalat (Valerianella locusta L.), gebleichter Löwenzahn, gesammelt unter den Ackerschollen, junge Brennesseln und Sauerampfer, aber auch die gute Mischung Bärlauch, Brunnkresse (Nasturtium officinale und microphyllum) und Zwiebeln. Solange man Zwiebeln hatte, wurde vor allem zu Geschwellten «Essig und Öl» aufgetischt (Essig, Öl, Salz, Pfeffer, Zwiebeln, Schnittlauch und Petersilie).

In den strengen Tagen der Hauptwerchen, mit fremden Arbeitskräften, kamen währschaftere Speisen auf den Tisch. Den Abschluss von Grossarbeiten feierte man je nach Familie mit mehr Fleischgerichten und vor allem mit mehr Geküecheltem.

Vordere Wasserfallen: Ziege und Schwein auf der Weide (Aufnahme vom August 1997)

Besondere Anlässe

Bei Festen und Feiern wie Taufe, Konfirmation, Hochzeit, Fasnacht, Nachostern, Weihnachten und Neujahr produzierten die Frauen ungeheure Mengen von Backwaren jeder Art. Am Heiligen Abend verspeisten alle Familien einen Chirsipfeffer, «damit es nächstes Jahr wieder genügend Kirschen geben». Richtige Fleischschlemmereien fanden anlässlich der Hausmetzgete statt.

Ein Schwein konnten sich auch weniger begüterte Leute halten. Je nach Vermögenslage wurden bis zu vier Borstentiere pro Jahr geschlachtet. Für die Störenmetzger war der Monat Dezember einer der anstrengendsten des Jahres. Aber auch die Hausfrauen mussten bei diesem Anlass ein zusätzliches Pensum an Arbeit leisten. Metzgete bedeutete aber nicht nur Schlemmerei für wenige Tage, sondern Beschaffung der einzigen Fleischkonserven für ein Jahr in Form von geräuchertem Speck.

Heute, mit der Möglichkeit, die Produkte der Hausmetzgete einzufrieren, sind einige Veränderungen festzustellen. Im wesentlichen aber verläuft jede Metzgete immer noch faszinierend und festlich, trotz der grossen Arbeit.

Am Vortage werden die nötigen Utensilien wie Stechbrett, Schragen, Büttene, Ghänk, Waschhafen, Kessel und Züber sowie Messer, Fleischwolf und Bindfaden bereitgestellt. Zwiebeln, Brot, Gewürze, Harz und Beizezutaten kauft man ein oder legt sie aus den Vorräten zurecht Am grossen Tag jeder Bauernfamilie wird schon früh im Waschhafen für genügend heisses Wasser gesorgt. Der Arbeitsplatz im Tenn oder in der Waschküche ist mit zusätzlichen Tischen und Ablegeflächen ausgerüstet. Die Hauptperson, der Störenmetzger, wird ge-

Gerätschaften für eine Hausmetzgete

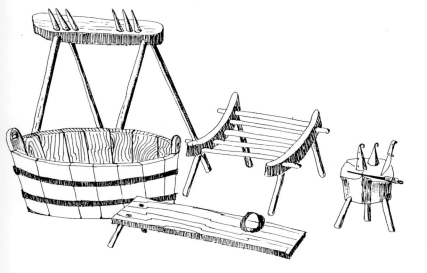

bührend begrüsst. Er bringt einen Köcher mit Messern und Schleifstahl, ein Fleischbeil, die Knochensäge, eine Wurstmaschine oder einen Wurststössel, einen Schussapparat und mindestens vier weisse, nach Sauberkeit duftende Schürzen mit. An diesem Tage übernimmt er das Zepter in Tenn, Hof und Küche.

Abschluss und Höhepunkt bildet die grosse Hauptmahlzeit in der Bauernstube mit Helfern und Gästen. Neben Brot und Tranksame serviert man folgende Gänge: klare Fleischsuppe mit Brotschnäfeln, Blut- und Leberwürste mit Apfelmus, Kessifleisch mit Sauerkraut und Salzkartoffeln, Bratwürste mit Zibelegschmäus, Kottelets und als Krönung und Abschluss einen Säuprägel mit Lederapfelschnitzen. Selbstverständlich haben die geladenen Gäste weniger Mühe, sich durchzuessen als die Helfer. Mit einem starken schwarzen Kaffee und gebrannten Wassern schliesst man normalerweise das üppige Mahl.

Rezepte

Die nachfolgende Auswahl alter Baselbieter Gerichte geschieht nicht wahllos. Es sind Rezepte, welche auch die junge Generation in der heutigen Küche versuchen sollte. Wir möchten damit Hausfrauen ansprechen, die gerne in der Küche tätig sind und mit Liebe unbekannte Speisen ausprobieren. Aber auch Männer der immer grösser werdenden Gilde der Hobbyköche werden vielleicht einzelne Grundrezepte übernehmen und mit viel Phantasie zu ausgeklügelten Leibgerichten ausbauen.

Mit den uns heute aus Garten und Lebensmittelgeschäften zur Verfügung stehenden Gewürzen haben wir mehr Variationsmöglichkeiten als unsere Grossmütter. Die Verbindungen von sauer und süss, von süss mit geräuchtem Schweinefleisch können vorteilhaft mit einzelnen Saucen geschickt kombiniert werden. Gedörrte, gekochte Birnenschnitze zum Beispiel weisen eine Geschmacksvielfalt auf, die jeder Importfrucht ebenbürtig ist.

Noch eine Bemerkung zu Mengen- und Gewichtsangaben: Pro Person eine grosse oder zwei kleine Kartoffeln; Brotschnäfel und Dörrobst je eine Hand voll, dürrer Speck zirka 150 g, grüner Speck und übriges Fleisch 150 bis 200 g. Alles weitere gehört zu der schöpferischen Arbeit in der Küche und wird somit dem Geldsäckel, dem Geschmack und dem Geschick der kochenden Person überlassen.

Fleischlose Speisen
Suuri Härdöpfel

In heissgemachter Butter Mehl braun rösten, fein geschnittene Zwiebeln und Knoblauch kurze Zeit mitrösten. Mit Wasser (Rotwein) ablöschen und salzen. In kleine Scheiben geschnittene Kartoffeln beigeben. Ungefähr eine halbe Stunde

Apfelbluescht

zur gewünschten Dicke aufkochen und kurz vor dem Anrichten mit Essig säuern (1 bis 2 Löffel). Wurde mit aufgewärmten Cholraben gegessen.

Geschälte, geschnitzte saure Apfel mit wenig Wasser und Zucker weichkochen. Mit Mehl und Milch (oder Weisswein und Rahm) zu Brei verrühren und auf schwachem Feuer zirka 20 Minuten kochen. Nach dem Anrichten mit gerösteten Brotbrösmeli überstreuen. Dazu prägleti Härdöpfel (Berner Ausdruck: Rösti) oder broteni Härdöpfel servieren. Broteni Härdöpfel: ungefähr gleich grosse Kartoffeln waschen und im Backofen braten. Sie werden mit der Schale gegessen.

Bire- oder Öpfelschnitz mit Härdöpfel

Schnitze von gedörrten (am Abend vorher in Wasser einweichen) oder frischen Birnen oder Äpfeln mit Wasser in heisse Butter geben. Mit wenig Zucker weich kochen. Eine halbe Stunde vor dem Anrichten in Würfel geschnittene Kartoffeln darauflegen und leicht salzen. Garkochen und vor dem Anrichten sorgfältig vermischen. Kartoffelstücke sollten allen Saft aufsaugen. Bei ungeeigneten Kartoffelsorten (welche zerfallen) können diese auch separat gekocht werden.

Öpfelchrauschi

Saure und süsse Apfel schälen und zerschneiden. Mit Wasser und wenig Zucker kochen. In der Prägelpfanne in der Zwischenzeit kleine Brotscheiben (Schnäfel) im Fett gelb rösten und anschliessend den Äpfeln beigeben und vermischen. Sultaninen und Zimt beigeben.

Vogelheu

Brotschnäfeli anrösten. Pro Person ein Ei und eine halbe Eierschale Wasser (oder Milch) daruntermischen. Salzen oder mit Zucker süssen. Dazu Apfelschnitze, Birnenschnitze, Zwetschgendampf, Apfelmus, frische Kirschen oder Käse servieren.

Schnäggechnöpfli und Schnitz

Selbst gemachte Schnäggechnöpfli (mit Löffel, Messer oder Sieb). Süsse oder saure Apfelschnitzchen werden in einer zweiten Pfanne weichgekocht und dann wie folgt angerichtet: Eine Lage Chnöpfli, eine Lage Schnitze, Chnöpfli, Schnitze usw. Zuoberst kommt noch etwas heisse Butter.

Chirsipfäffer

Dürre Kirschen (frische oder tiefgefrorene Kirschen) in wenig Wasser weichkochen und zuckern. Mehl (Maizena) und Milch (Wasser) zu dünnem Teiglein gerührt langsam beimischen. Zimtstengel beigeben, wenn nötig nachzuckern. Kurz vor dem Anrichten im Anken (Butter) geröstete Brotwürfeli darunterrühren. Die Mischung halb Kirschen halb Zwetschgen kann empfohlen werden.

Wirtschaft zur Bürden beim Passwang

Längst Geschichte: die Bürten-Wirtschaft. Postkarte, 1915

Fleischspeisen

Schnitz mit Späck und Härdöpfel

Gedörrte (frische) Birnen oder Apfelschnitze am Vorabend einweichen. Schnitze mit Speckwürfeln im Einweichwasser weichkochen. Eine halbe Stunde vor dem Anrichten leicht gesalzene Kartoffelstücke mitkochen. Vor dem Anrichten gut vermischen.

Öpfelbrote

Drei Sorten Apfel rüsten (Chüngelbrünnler, Lederöpfel, Gisiöpfel), nur Fliege wegschneiden, Stiele lassen. Eine Stunde mit Speckstück oder Rippli kochen. Kartoffelstückli gesalzen beigeben und eine weitere halbe Stunde kochen.

Hans und Joggi

Kohl (Schlämpechöhl), viele feinblättrig geschnittene Zwiebeln mit Späckmöckli dünsten (oder Rippi). Leicht mit Mehl bestäuben. Mit Fleischbrühe ablöschen und mit Räckholderbeeri (Wacholderbeeren) und Chümmi würzen. Weichkochen, eine halbe Stunde vor dem Anrichten Kartoffelstücke beimischen, nachsalzen.

Zibelegschmäus

Zwiebeln in Fett dünsten und Brotschnäfel beigeben. Mit wenig Fleischbrühe löschen. Dazu Schweinsbratwürste und Lederapfelschnitze servieren.

Suurässe

Erste Pfanne: Innereien von Kaninchen oder Gitzi, auch Köpfe (s Abgändig), je nach Anlass auch gute Fleischstücke in Wasser kochen. Zweite Pfanne: Mehl braun rösten und mit

Wein löschen. Langsam Wasser und Fleisch von der ersten Pfanne beigeben. Würzen mit Lorbeer und Muskatnuss. Nachsalzen und weichkochen.

Säuprägel
Gutdurchzogenes Schweinefleisch in Möckli schneiden. In der Bratpfanne braun braten. Viele feingeschnittene Zwiebeln beimischen. Mit Fleischbrühe und Wein löschen. Salzen und würzen (Lorbeer, Pfeffer und Nelken). Weichkochen und vor dem Anrichten gebähte Brotschnäfeli beifügen. Mit Lederapfelschnitzen servieren.

Suppen

Chröschpelisuppe (gröschteti Suppe)
Butter in die Bratpfanne und feine, kleine Brotschnäfeli braun braten. Mit Weisswein (Wasser) löschen. Salz und Chümmi beigeben. Eine halbe Stunde köcherln lassen. Über zerschlagenes Ei anrichten und Schnittlauch darüber streuen (gilt als gute Krankensuppe).

Ruunsuppe
Brot in Suppenschüssel schneiden (Schnäfeli) und einen Esslöffel Rahm beifügen. Gewürzte Fleischbrühe aufgiessen (kochend) und Schnittlauch darüber streuen.

Schnäggechnöpflisuppe
Chnöpfliwasser mit Markknochen kochen (Bouillon). In Suppenschüssel geschnäfeltes Brot einlegen. Über zerschlagenes Ei anrichten und viel Schnittlauch beigeben.

Die meisten Speisen ohne Brotbeigabe wurden in doppelten Portionen gekocht und dann am nächsten Tage aufgewärmt. Als Grund wird Zeitersparnis angegeben. Wie die Witwe Bolte in «Max und Moritz» von Wilhelm Busch finden viele Leute, manche Gerichte gewinnen beim zweiten Kochen an Gehalt.

«Eben geht mit einem Teller
Witwe Bolte in den Keller,
Dass sie von dem Sauerkohle
Eine Portion sich hole,
Wofür sie besonders schwärmt,
Wenn er wieder aufgewärmt.»

Quellen und Gewährspersonen:
Franziska Suter, Baselbieter Heimatblätter Bd. 5, S. 91 ff., Frau Bethli Buser (Rünenberg/Arboldswil), Frau Emmi und Herr Paul Thommen-Graf (Arboldswil), Leo Weber (Reigoldswil).

Verkehrs- und Grenzgeschichten

Paul Suter **Die Wasserfallenbahn**

Es ist allgemein bekannt, dass George Stephenson (1781–1848) die Dampflokomotive erfunden hat und als Begründer des Eisenbahnzeitalters gilt. Sein Sohn Robert förderte den Lokomotivbau weiter und führte die von ihm konstruierte «Rocket» 1829 zum Siege[1]. Vater und Sohn wurden in der Folge von verschiedenen Staaten Europas als Experten beigezogen, als man das neue Verkehrsmittel einführte. Im Jahre 1850 beauftragte der Bundesrat die beiden Ingenieure Robert Stephenson und Henri Swinburne mit der Begutachtung der Frage «was für ein Eisenbahnnetz der Natur unseres Landes am besten angemessen wäre». Das Gutachten ging von der Erkenntnis aus, dass sich in der deutschen Schweiz drei wichtige Städte befinden, nämlich Basel nördlich, Zürich und Bern östlich und südlich des Juras. Dieses Städtedreieck gedachten sie durch die Bötzberglinie (Basel–Zürich), die Passwanglinie (Basel–Bern) und die Jurasüdfusslinie (Bern–Solothurn–Olten–Zürich) zu verbinden. Da aber die bundesrätliche Instruktion nur eine Juraquerlinie vorsah, kam eine mittlere Variante (Basel–Olten) in Frage. In der Bundesversammlung fiel das Projekt der Engländer in Ungnade, und das 1852 angenommene Bundesgesetz wies die Eisenbahnfrage den Kantonen und der Privatwirtschaft zu.

Stürmische Eisenbahnpolitik

Als Folge des Bundesgesetzes von 1852 schossen private Eisenbahngesellschaften wie Pilze aus dem Boden und die Bahnkonzessionen wurden von den Kantonen bereitwillig erteilt[2]. In unserem Gebiet entstand 1853 die Centralbahngesellschaft, an der sich auch der Kanton Baselland beteiligte. In erster Linie wurde nun die Strecke Basel–Olten in Angriff genommen. Anfang 1855 konnte die Strecke Basel–Liestal, im Juni des gleichen Jahres Liestal–Sissach betrieben werden. 1857 fuhren die Züge bis Läufelfingen und 1858 bis Olten.

In den gleichen Jahren setzten die Anstrengungen von Zürich für die Bötzbergbahn ein. Die Centralbahn wollte diesen Plan konkurrenzieren und erwarb 1854 die Konzession für die

Strecke von Muttenz bis zur aargauischen Kantonsgrenze. Baselland handelte dabei die Verpflichtung der Centralbahn ein, eine Sekundärbahn ins Waldenburger Tal zu subventionieren. Indessen ruhten vorerst diese Pläne; die erste Etappe des schweizerischen Eisenbahnbaus war abgeschlossen.

Nach dem Abschluss des deutsch-französischen Krieges setzte dann eine neue Gründungswelle ein, die durch eine wirtschaftliche Hochkonjunktur begünstigt wurde. Man sprach von der Gotthardbahn, von der Bötzbergbahn, von der Jurabahn, von einer Waldenburger und einer Wasserfallenbahn, von der Leimentalbahn. 1870 beschloss das Baselbietervolk eine Subventionierung der Gotthardbahn, 1871 folgten die Konzessionen für die Waldenburger und die Bötzbergbahn, 1872 für die Jurabahn und 1873 für die Wasserfallenbahn. Bötzberg- und Jurabahn wurden 1875 dem Verkehr übergeben; die Waldenburger Bahn war im Herbst 1880 betriebsbereit; das Leimental erhielt 1887 durch die Birsigtalbahn eine Verbindung mit Basel[3].

Der Leidensweg der Wasserfallenbahn

Gegenüber dem Fricktal, wo zusammen mit dem Bezirk Brugg eine mächtige Volksbewegung zugunsten der Bötzbergbahn entfacht wurde, war die Wasserfallenbahn entschieden im Nachteil. Hier lagen andere politisch-geographische Verhältnisse vor. Das Reigoldswilertal mit seiner vorherrschenden Heimindustrie der Posamenterei und der solothurnische Bezirk Thal und das solothurnisch-bernische Gäu waren durch den unwegsamen Wasserfallen-Passübergang getrennt, so dass weder auf politischem noch auf wirtschaftlichem Gebiet enge Beziehungen bestanden.

Die Initiative für den Bau der Wasserfallenbahn ging zunächst von Reigoldswil aus. Am 20. Februar 1870 versam-

Wasserfallen-Bahn.

GRÜNDUNGS-ACTIE No.

hat zur Deckung der aus den Vorarbeiten für Erstellung einer Wasserfallen-Bahn (Linie Liestal-Bubendorf-Ziefen-Reigoldswil-Mümliswil-Balsthal-Niederbipp-Wangen) erwachsenden Kosten den durch Beschluss der Gemeindeabgeordneten vom 27. März 1870 auf

Franken fünf

festgestellten Betrag einer Gründungs-Actie an den Cassier des unterzeichneten Comité einbezahlt und dadurch alle diejenigen Rechte erworben, welche durch spätern Vertrag beim Bau der Linie für die Besitzer von Gründungs-Actien vorbehalten werden können.

Reigoldswyl, den 6. Mai 1870.

Wasserfallen-Bahn-Comité.

Der Cassier: Der Präsident:

Behufs genauer Controlle muss jede Cession dem Cassier des Wasserfallen-Bahn-Comité angezeigt werden.

melten sich unter der Leitung von Johannes Schweizer, Gemeindepräsident, 30 Vertreter[4] der Tal- und der angrenzenden solothurnischen Gemeinden im Gasthaus zur Sonne zur Gründung eines Bahnkomitees. Am 27. Februar des gleichen Jahres fand dann eine von 300 Personen besuchte Versammlung in der Kirche von Reigoldswil statt. Laut Tagungsbeschluss wählte jede Gemeinde zwei Abgeordnete für ein definitives Komitee, das am 27. März zusammentrat und einen Arbeitsausschuss bestimmte.

Dieser nahm seine Tätigkeit sofort auf und richtete an den Regierungsrat Baselland das Gesuch, ältere Pläne der Schweizerischen Centralbahn über das Wasserfallenprojekt (Gutachten Stephenson und Swinburne) dem Komitee zu überlassen. Die Antwort aus Liestal lautete negativ, es seien keine Pläne und Profile vorhanden.

Vom Mai 1870 datieren dann Listen mit der Zeichnung von Gründungsaktien zu je 5 Franken zur «Deckung der aus den Vorarbeiten für Erstellung einer Wasserfallen-Bahn (Liestal – Bubendorf – Ziefen – Reigoldswil – Mümliswil – Balsthal – Niederbipp – Wangen) erwachsenden Kosten». Die vorhandenen Listen enthalten die Unterschriften von 68 Zeichnern aus Reigoldswil mit 126 Aktien. In einem Schreiben an die Regierung (datiert 10. März 1870)[5] wurden die Bahnkosten auf 5,1 Millionen Franken errechnet, wovon 3 Millionen auf den Tunnelbau fielen.

In den Jahren 1870 bis 1871 wirkte auch ein solothurnisches Komitee für die Wasserfallen- und die Gäubahn, das ebenfalls die Zeichnung von Gründungsaktien an die Hand nahm. In der Folge bewarben sich sowohl die Centralbahn wie auch das

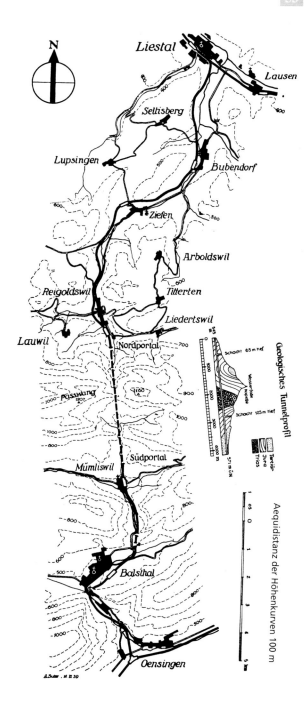

Gäubahnkomitee um eine Konzession für die Wasserfallenbahn. Bei den Verhandlungen tendierte die Regierung von Baselland dahin, die Bewerberin mit den «günstigsten Zugeständnissen» zu bevorzugen. Dies war unzweifelhaft die Schweizerischen Centralbahn, da sie sich für eine Beteiligung und den Betrieb einer Waldenburgerbahn und einer Gelterkinderbahn verpflichtete.

Nachdem im Februar 1873 die Gäubahn ihre Ansprüche auf die Wasserfallenbahn der Centralbahn abgetreten hatte, wurde durch die Volksabstimmung vom 11. Mai 1873 die Centralbahninhaberin der Konzession für die Wasserfallenbahn.

Nun ging es an die Pläne und Profile, die unter der Leitung des Oberingenieurs der Centralbahn, August von Würthenau, in Reigoldswil fertiggestellt wurden[6]. Bei der Vergebung der Arbeiten berücksichtigte die Centralbahn nicht eine erfahrene englische Firma, sondern das mindestfordernde Konsortium der «Baugesellschaft Schneider, Münch und Jerschke» aus Deutschland[7].

Der Tunnelbau begann im Herbst 1874 sowohl in Reigoldswil als in Mümliswil. In Reigoldswil grub man an drei Stellen: im Juligraben und in der Hand einen Schacht mit Stollen nach Norden und Süden, bei der heutigen Gondelbahnstation einen Stollen gegen Süden (noch vorhanden) und im Eiset einen Entlüftungsschacht mit einem Stollen nach Norden. Verschiedene terrassenartige, schon längst kultivierte Deponien (die sogenannte Planie, im Stacher, unter Weiersholden) zeugen vom Aushub dieser Grabarbeiten.

Im Laufe des Jahres 1875 gingen Klagen über unregelmässige Auszahlungen an Arbeiter und Lieferanten ein. Es folgten Arbeitseinstellungen, und es stellte sich heraus, dass die Baufirma technisch und vor allem finanziell nicht auf der Höhe der von ihr übernommenen Aufgabe stand.

Nachdem die Centralbahn anfänglich geholfen hatte, die Schwierigkeiten zu meistern, «liess sie die Unternehmer fortarbeiten, bis sie aus Erschöpfung den Bau von selbst aufgeben mussten»[8]. So kam es zum Konkurs der Baugesellschaft, und die Arbeiten wurden im September 1875 eingestellt.

Vergeblich erwartete man, die Centralbahn werde den Bahnbau in Regie weiterführen oder auf eine andere Firma übertragen. Die einsetzende Krise im Bahnbau verhinderte die Centralbahn, diese Bauverpflichtung auf sich zu nehmen. Zunächst kam es zu verschiedenen Fristverlängerungen, dann aber wurde die Centralbahn vom Kanton Solothurn als Nachfolger des Gäubahn-Komitees wegen Vertragsbruch eingeklagt. Im folgenden Prozess verfochten die berühmtesten Juristen jener Zeit die Standpunkte ihrer Parteien. Am 13. Mai 1879 kam es zum Vergleich. Die Centralbahn wurde von der Bauverpflichtung der Wasserfallenbahn (von der solothurnischen Grenze im Wasserfallengebiet bis zur Gäubahn und von Solothurn bis Schönbühl) für immer befreit, bezahlte aber die gezeichneten Beträge für Aktien zurück und entschädigte die

Pause für den Fotografen: Arbeiter am Nordportal des Wasserfallen-Eisenbahntunnels, 1874/75.

Gemeinden Mümliswil, Balsthal und Oensingen mit einer Geldsumme für die Verbesserung ihrer Verkehrsverhältnisse (Eröffnung der Zweigbahn Balsthal–Oensingen 1899).

Auch in Baselland, vor allem im Reigoldswiler Tal, beklagte man den Abbruch des Bahnbaus. Indessen kam es hier nicht zum Prozess. Wenn man erfährt, dass der frühere Baudirektor von Baselland, J. A. Adam, schon vor dem Bahnbau zum Centralbahndirektor gewählt wurde und auch Basel-Stadt in jenen Jahren vor allem für die Jurabahn eintrat, merkt der geneigte Leser, dass der Einsatz der Centralbahn und der kantonalen Behörden für den Bahnbau durch das Reigoldswiler Tal nicht allzugross war. Und so fiel die Wasserfallenbahn 1874/75 buchstäblich «ins Wasser», dem benachbarten Waldenburger Tal aber brachte die mit der Wasserfallenbahn-Konzession verbundene Verpflichtung zur Subventionierung grünes Licht für den Bahnbau (Eröffnung der Waldenburger Bahn 1880).

Neuer Anlauf für eine Wasserfallenbahn

Die Verstaatlichung der schweizerischen Hauptbahnen (Volksabstimmung vom 20. Februar 1898) erweckte auch den Wasserfallenbahn-Gedanken zu neuem Leben. Und zwar war es Gustav Adolf Frey, der in seiner Dissertation über die Wasserfallenbahn darauf hinwies, wie sehr das Privatbahnsystem den Ausbau eines schweizerischen Eisenbahnnetzes vernachlässigt und wie viel Versäumtes der Bund auf diesem Gebiete nachzuholen habe.

Schon Ende 1898 versammelten sich Interessenten aus Basel, Liestal, aus dem Reigoldswiler Tal, aus Balsthal, Oensingen, Aarwangen und Langenthal in Liestal. Zu ihnen gesellte sich nun auch als begeisterter Wasserfallenfreund Dr. Gustav Adolf Frey. Das Initiativkomitee organisierte am Sonntag, den 28. Mai 1899, einen Volkstag in Reigoldswil. Landrat Gustav Schneider begrüsste die 1500köpfige Versammlung, als Hauptreferenten sprachen Oberamtmann J. Bloch aus Balsthal, Regierungsrat Dr. H. Glaser aus Liestal und Dr. G. A. Frey aus Kaiseraugst. Die Massnahmen und Vorschläge des Komitees wurden mit lebhaftem Beifall gebilligt.

Etwas vorher, am 20. April 1899, war das Konzessionsbegehren eingereicht worden, dem die Dissertation von Dr. Frey beigelegt wurde. Eine zweite, erweiterte Auflage dieser Schrift wurde nachher an die Gemeinden und an weitere Interessenten verschickt.

Im gleichen Jahr befassten sich die Gemeindevertreter nördlich der Wasserfalle mit dem konkurrierenden Kellenbergbahnprojekt, dem sie den Kampf ansagten. Um die eidgenössische Konzession der Wasserfallenbahn zu fördern und das Interesse für das Bahnprojekt zu bezeugen, schlug Dr. Frey den Gemeinden vor, Zusagen für Subventionen im Falle des Zustandekommens zu beschliessen. Die Gemeinde Reigoldswil bewilligte daraufhin am 10. Juni 1900 eine Subvention von 150 000 Franken. Leider blieb sie mit diesem grosszügigen Beschluss «allein auf weiter Flur».

Indessen warteten die Bahnfreunde vergeblich auf die eidgenössische Konzession. Die Schweizerischen Bundesbahnen befürchteten, die künftige Wasserfallenbahn würde den Ver-

Bis hierher und nicht weiter: Der blind endende Stollen auf der Reigoldswiler Seite.

kehr Basel–Welschland an sich ziehen und die Jurabahn gefährden. Sie lancierten daher einen entsprechenden Tarifartikel, der die Verkehrsgrundlagen der Wasserfallenbahn zum grossen Teil zerstörte.

In einer Eingabe vom 8. März 1907 ersuchte das Wasserfallenbahn-Komitee erneut um die endliche Erteilung der Bahnkonzession. Um die gleiche Zeit lagen aber schon Pläne für eine Verstärkung der Gotthardlinie durch einen Hauensteinbasistunnel vor. Dieser sollte die wirtschaftlichen Nachteile der alten Hauensteinlinie (26,3‰ maximale Steigung, grosser Kohlenverbrauch) aufheben. Das Projekt wurde vor allem von Basel, dem mittleren Baselbiet und Olten unterstützt und vorangetrieben. Der Tecknauer Bürger, Ingenieur Rudolf Gelpke, fixierte die Tunnelachse Tecknau–Olten, und der Sissacher Ständerat Jakob Buser beantragte 1910 in der Bundesversammlung den Bau des Basistunnels durch dringlichen Bundesbeschluss ohne Referendumsvorbehalt. Damit war das Wasserfallenprojekt zum zweiten Mal in der Versenkung verschwunden.

Schlusswort

Die Wasserfallenbahn war als direkte Verbindung Basel–Bern–Westschweiz gedacht. Der Bau der Simplonlinie (1906 eröffnet) mit der Lötschbergbahn (1913 eröffnet) spricht für die Berechtigung dieser Zufahrtslinie, die zudem volksreiche Täler erschlossen hätte. Die Wasserfallenbahn ist keineswegs der Untauglichkeit des Projekts, «sondern einer gross angelegten volkswirtschaftlichen Ketzerei» zum Opfer gefallen[9].

Auf der anderen Seite hat der verunglückte Bahnbau dem Reigoldswiler Tal und dem Kettenjura südlich der Wasserfalle die landschaftliche Schönheit bewahrt. Auch die Dorfbilder haben sich trotz der Industrialisierung besser erhalten als in den Tälern, die durch eine Eisenbahn erschlossen wurden. Im Reigoldswiler Tal entstanden 1904 auf die Initiative der Talbewohner die erste konzessionierte Autoverbindung der Schweiz und nahezu 50 Jahre später eine Luftseilbahn (Gondelbahn) auf die Wasserfalle.

Anmerkungen

[1] Gustav Adolf Frey, Zur Geschichte der Wasserfallenbahn. Mit Anhang: Erinnerungen an den Bahnbau 1874/75. SA aus Baselbieter Heimatblätter 1938/39, S. 4

[2] Jakob Früh, Geographie der Schweiz, Bd. 2, St. Gallen 1932, S. 411 ff.

[3] Dieser Abschnitt nach Karl Weber, Geschichte des Kantons Basel-Landschaft, Liestal 1932, Bd. 2, S. 617 ff.

[4] Unter anderen Pfarrer Johann Rudolf Linder (als Schreiber), Johann Ulrich Zehntner, Arzt, Jakob Schneider, alt Landrat.

[5] Abgedruckt in Gustav Adolf Frey, Die Wasserfallenbahn (Beilage zum Konzessionsgesuch für die Wasserfallenbahn, vom 20. April 1899). Basel 1899, 3f. – S.67. Ausgelegte Baukosten 1874/75: 900 000 Franken.
[6] Originalpläne vom Bahnbau Liestal–Oensingen: Genereller Situationsplan 1:5000, Geologisches Profil u. a., datiert Juli 1874, in der Bibliothek der Generaldirektion der SBB, Bern.
[7] Frey (wie Anm. 1), S. 14.
[8] Amtsbericht des Regierungsrates, 1875.
[9] Leo Zehntner, Anekdotenhaftes zur Geschichte der Wasserfallenbahn, in: Baselbieter Heimatblätter 1939, S. 255 f.

Keine Bahn durch den Berg, aber wenigstens eine Bahn auf den Berg

Die Gondelbahn Reigoldswil–Wasserfallen: die einzige Luftseilbahn der Nordwestschweiz

Peter Suter

Die wechselvolle Geschichte des Wasserfallenüberganges wurde mit der Übergabe der Luftseilbahn an den öffentlichen Verkehr am 3. März 1956 um 12 Uhr um ein weiteres, spannendes Kapitel bereichert. Im gleichen Jahr, aber schon am 18. Februar, liessen sich die ersten Skifahrer mit dem Bügellift auf die Vogelberghöhe ziehen. 1969 konnte vor Weihnachten die kürzere Liftanlage am Chellenchöpfli den Betrieb aufnehmen.

1931 scheiterte noch der Vorschlag von Walter Zeller (Direktor der Autobus AG Liestal), von Reigoldswil aus eine Gondelbahn bis zur Wasserfallen zu erstellen. Der Verwaltungsrat der Autobus AG und die Gemeinde Reigoldswil gaben damals ihre Zustimmung für den Bau der Seilbahn nicht.

Zu Beginn der fünfziger Jahre wurde die Idee einer Bahn auf die Wasserfallen und die Errichtung eines Skiliftes in die Höhe zum Passwang wieder aufgegriffen. Sicher hat der Bau von zwei Skiliften 1951 und 1952 in Langenbruck als Vorbild eine gewisse Rolle gespielt.

Das Konzessionsgesuch der Autobus AG Liestal (AAGL) für den Betrieb einer Gondelbahn wurde am 12. Mai 1953 beim Eidgenössischen Post- und Eisenbahndepartement eingereicht.

Zur gleichen Zeit bewarb sich auch Waldenburg für eine Bewilligung einer Drahtseilbahn bis zur Waldweide. Das Projekt «Wasserfallen» wurde wegen mehr Möglichkeiten und günstigerer Lage bei der Prüfung vorgezogen und erhielt am 31. Dezember 1953 die Konzession. Damit stand den Bauarbeiten, ausser einigen rechtlichen Fragen bezüglich Durchfahrt, Mastenstandorten und Entschädigungen, nichts mehr im Wege.

Das Bahnunternehmen erfuhr gleich zu Beginn einige unschöne Widerwärtigkeiten. Sie waren zurückzuführen auf Differenzen zwischen AAGL (Direktion), Landeigentümern, Nachbarn und Bahnbauer. So verübten 1957 Unbekannte einen Brandanschlag in der Bergstation, der Sachschaden verursachte und den Bahnbetrieb für zwei Tage lahmlegte. 1958 wurde am 14. Januar bei einer Nacht-und-Nebel-Aktion von Fachleuten ein Masten abmontiert und die Bahn ausser

Betrieb gesetzt. Das bisher schlimmste Ereignis in der Geschichte der Gondelbahn geschah ebenfalls in den ersten Jahren der Bahn und forderte ein Menschenleben: 1959 verunglückte der Vizepräsident des Verwaltungsrates der AAGL tödlich in einer Gondel, welche er alleine zur Talfahrt vorbereitet hatte.

Die Jahre seither verliefen glücklicherweise ohne gravierende Unfälle. In den letzten zehn Jahren transportierte die Gondelbahn durchschnittlich 180 000 Passagiere pro Saison.

Die Betriebslänge der Seilbahn beträgt 1,933 km, und das Trag-/Zugseil führt von der auf 544 m liegenden Talstation über zwölf Masten zur 384 m höher liegenden Bergstation auf 928 m ü. M. Die grösste Neigung beträgt 61,6 Prozent und befindet sich über der Wasserflue (Änzianenflue) neben dem Schelmenloch. Zurzeit werden 35 vierplätzige Gondeln eingesetzt, und die Fahrzeit beträgt 15 Minuten.

Die Seilbahn und die beiden Skilifte sind wie alle solchen Unternehmungen stark wetterabhängig. Das zeigen am deutlichsten die vorliegenden Angaben über die jährlichen Passagierzahlen. Durchschnittswerte der Betriebsrechnungen über 20 Jahre hinweg betrachtet weisen keine riesigen Gewinne auf.

Von 1973 bis 1976 war die Luftseilbahn mit den beiden Liften losgelöst von der AAGL und wurde von der Wasserfallen-Transport AG betrieben. Der Rückkauf durch die AAGL hat sich 1976 als günstige Lösung erwiesen. Seit der Gründung der Gondelbahn 1956 hat der Betrieb finanziell selbsttragend gearbeitet und in den Abrechnungen immer schwarze Zahlen aufgewiesen.

Die Ende 1995 ausgelaufene Konzession der Luftseilbahn Reigoldswil–Wasserfallen (LRW) musste erneuert werden. Das Bundesamt für Verkehr machte die Betriebsbewilligung für weitere 20 Jahre von umfangreichen Revisionen an den Bahnanlagen abhängig. Die dadurch entstandenen Kosten von 1,5 bis 2 Millionen Franken haben nur zwei Lösungen offengelassen: Stillegung der Gondelbahn oder Schaffung einer Trägerschaft für einen Weiterbetrieb der Anlagen. In dieser Situation ist der Skilift im Chleiweidli (Vogelberglift) 1993 bereits abgebrochen worden, weil die Mittel für eine Sanierung fehlten.

Betrachtet man die LRW als Dienstleistungsbetrieb, dann kommt ihr eine grosse Bedeutung zu, die ihre Weiterführung unbedingt rechtfertigt. Das hat dann auch dazu geführt, dass verantwortungsbewusste Personen aus Politik und Wirtschaft in der Region alles unternahmen, um die Bahn zu retten. Drei Gruppierungen sind entstanden, um den Fortbestand der Luftseilbahn zu sichern. Um vorhandene Unklarheiten auszuräumen, möchten wir sie kurz vorstellen.

1. Stiftung LRW

An der ausserordentlichen Generalversammlung der AAGL im Bad Bubendorf wurde am 20. September 1994

beschlossen, die Luftseilbahn Reigoldswil–Wasserfallen vorbehaltlos einer Stiftung zu schenken. Die Kantone Basel-Landschaft und Basel-Stadt, viele Gemeinden der näheren und weiteren Umgebung sowie Einzelpersonen haben ihre finanzielle Unterstützung (vorerst einem Patronatskomitee) zugesichert. Die Stiftung LRW ist verantwortlich für die Finanzierung und den Unterhalt der Seilbahn und damit auch federführend für den Erhalt der Konzessionsverlängerung. Den Betrieb der Seilbahn hat sie der AAGL übertragen. Nachdem am 1. Februar 1995 bereits an der Gründungsversammlung in Waldenburg eine Million Franken zusammen waren, wurde die Stiftung rückwirkend auf den 1. Januar 1995 von der Versammlung abgesegnet. Stiftungsratspräsidentin ist seit der Gründung die Unternehmerin und Landrätin Heidi Tschopp aus Hölstein.

Die Bergstation der Luftseilbahn Reigoldswil–Wasserfallen. Im Hintergrund das Gempenplateau und die Oberrheinische Tiefebene

2. Gondelbahnclub LRW

Der Bähniclub geheissene Verein wurde am 17. September 1994 auf der Vorderen Wasserfallen gegründet. Die Gründungsversammlung mit viel Prominenz fand am 4. Dezember 1994 auf der Hinteren Wasserfallen statt. Der über 500 Mitglieder zählende Verein hilft der Stiftung LRW mit verschiedenen Aktionen, finanzielle Mittel zu beschaffen. Er hat eine breite Basis in der Bevölkerung in der Stadt Basel und auf der Landschaft. Derzeitiger Präsident ist Ernst Furter aus Bretzwil.

3. Interessengruppe (IG) Wasserfallen-Passwang

Die älteste Organisation zur Erhaltung der Gondelbahn zur Förderung eines sanften Tourismus im Wasserfallen-Passwanggebiet wurde 1993 von Reigoldswil aus angeregt. Organisationen und Privatpersonen der Tourismusbranche, Gemeinden der Region, Gastwirtschaften, Verkehrsunternehmungen, Verschönerungsvereine sowie heimatkundlich interessierte Vereine und Einzelpersonen gründeten am 26. Mai 1993 die IG Wasserfallen-Passwang auf der Hinteren Wasserfallen (Gemeinde Mümliswil). Der Verein möchte vor allem dem Tourismus im Wasserfallen- und Passwanggebiet neue Impulse geben. Im Sommer 1995 hat die IG eine eigene touristische Auskunftsstelle eröffnet. IG-Präsident ist Hansruedi Sutter, alt Gemeindepräsident, aus Reigoldswil.

Dominik Wunderlin

Über und durch den Passwang – Von Strassenprojekten und geplatzten Bahnträumen

Die Passwangkette bildet eine markante Grenze zwischen den solothurnischen Ämtern, die nach dem schweizerischen Mittelland orientiert sind, und dem nördlichen Kantonsteil, dem Schwarzbubenland.

Es darf angenommen werden, dass die Kette schon in alter Zeit an verschiedenen Stellen überquert wurde. Als Verbindung zwischen dem Lüssel- und dem Guldental dürfte noch im Mittelalter der sehr steile Weg über das Chratteneggli häufiger begangen worden sein als der Passwang. Dieser liegt zuhinterst im Lüsseltal und überstieg die Kette rund hundert Meter höher als beim Chratteneggli; nördlicher Ausgangspunkt war beim Hofgut Schachen.

Der alte Passwang-Weg bei Stucketen-Chäppeli

Der alte Weg

Die Passwangroute nimmt ihren nördlichen Anfang in Zwingen und folgt der Lüssel durch die verschiedenen Klusen bis zum Neuhüsli, um dann weiterhin in östlicher Richtung hinaufzusteigen bis zur Passlücke auf 1001 m. In einem weiten Bogen führt der südliche Abstieg durch den Rotiseggwald und das Chilchenfeld nach Mümliswil und dann durch eine weitere Klus vorbei an der St.-Wolfgang-Kapelle und dem Schloss Neu-Falkenstein nach Balsthal. Zwischen Erschwil und Ober-Beinwil enthielt der alte Weg auch Gegensteigungen: Die enge Klus zwischen Erschwil und Bockmättli umging der Weg am Abhang der Titterten, vorbei an der St.-Josefs-Kapelle, wo Spuren von Karrengeleisen und in den Malmkalk geschlagene Stufen zu erkennen sind. Eine weitere Gegensteigung fand sich im Bereich des Klosters Beinwil, wo der Weg direkt an den Klostergebäuden vorbeilief und hernach wieder zum Talboden hinunterführte. Für die Reisenden bot das Kloster auch Herberge und Verköstigung. Weiter talaufwärts führte der alte Passweg nicht bis zum Neuhüsli, sondern vorbei am Gasthof Dürrenast in direktem Anstieg zur Passhöhe.

Der alte Passwang-Weg muss einschlägigen Schilderungen zufolge sehr schlecht befahrbar gewesen sein. Von den Solothurnern bekam er erst eine gewisse Bedeutung, nachdem die Stadt durch Erwerbung eines Teils der Besitzungen des im Jahre 1519 ausgestorbenen Grafengeschlechts der Thiersteiner im Lüsseltal festen Fuss fasste. Im Zusammenhang mit dem Galgenkrieg von 1531, als die Basler den Oberen Hauenstein und die Wasserfallen mit Truppen besetzten, begannen die Solothurner den Weg auszubauen, damit sie ihre Geschütze über den Berg bringen konnten. Im allgemeinen waren aber die Bauern auf dem Passwang und im oberen Lüsseltal verpflichtet, den Weg auf ihrem Grund zu unterhalten und so einen mässigen Lokalverkehr zu ermöglichen. Es gehört übrigens zu den Besonderheiten, dass die Passwanghöfe Teil der alten Herrschaft Falkenstein waren und auch heute nicht zum Bezirk Thierstein sondern zum Bezirk Thal, d. h. zur Gemeinde Mümliswil-Ramiswil gehören.

Der erste grosse Ausbau führte zu einer Staatskrise

So wie die Passwang-Strasse heute verläuft, ist sie weitgehend das Werk der Jahre 1729 bis 1731. Hiefür gibt es verschiedene Gründe. Es störte Solothurn schon seit geraumer Zeit, dass Basel für die Salzfuhren aus Lothringen einen hohen Zoll und ein grosses Weggeld für den Transport über den Hauenstein verlangte. Nachdem die Forderung um Ermässigung abgewiesen wurde, entschloss sich Solothurn zu einer Umgehung der teuren Basler Zollstätte. Man sah darum vor, die durch das Elsass ziehenden Salzfuhren zunächst durch fürstbischöfliches Gebiet von Allschwil über Reinach nach Aesch und Zwingen zu leiten und dem Fürstbischof hiefür einen mässigen Zoll zu entrichten. Um den Verkehr durch den solothurnischen Jura ins Mittelland zu führen, brauchte es eine gute Strasse und da kam auf dem eigenen Territorium nur der Übergang über den Passwang in Frage.

Nachdem die entsprechenden Pläne und Beschlüsse gefasst waren, begann man noch im Herbst 1729 mit dem Ausbau. Um die Arbeiten auszuführen, verpflichtete man die Bewohner des Lüsseltales zu Fronleistungen, wobei jene von Breitenbach und von Büsserach erst nach einer kleinen Rebellion bereit waren. Die Strassenarbeiten bestanden zur Hauptsache in einer Verbesserung und Verbreiterung des Trassees im bisheri-

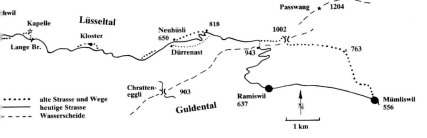

gen Verlauf. Eliminiert wurden aber die beiden Gegensteigungen. Dass der Weg nun nicht mehr beim Kloster vorbeiführen sollte, veranlasste den damaligen Abt von Mariastein, P. Augustin Glutz zu einem erfolglosen Protest. Zur Beseitigung der anderen Steigung samt Gegengefälle am Titterten mussten die Lüsselklus durch eine Sprengung verbreitert und die Lüssel auf einer Länge von 20 m überdeckt werden. So entstand die noch heute bestehende «Lange Brücke», welche seinerzeit geradezu als kleines Weltwunder galt und als Sehenswürdigkeit sogar in Reiseführern Eingang fand.

Neben weiteren kleinen Kunstbauten wie Steinbrücken und Stützmauern sei noch die Entwässerung eines Sumpfes und der Bau eines Strassendammes unterhalb Dürrenast erwähnt. Hier hatte sich im Juli 1598 ein Bergsturz ereignet, der die Gewässer staute und einen kleinen See bildete. Der neue Strassendamm war Teil der in diesem Bereich veränderten Strassenführung, welche nun nicht mehr an der Herberge Dürrenast vorbeiführte. An der neuen Strasse wurde 1730 ein neuer Gasthof, das «Neuhüsli», errichtet. (Der jetzige Bau mit den südländischen Arkaden an der Nordseite ist als Gast- und Kurhaus im Jahre 1836 neu errichtet worden.)

Der Ausbau der Passwang-Strasse stiess durchaus nicht auf allgemeine Zustimmung. Ganz besonders misstrauisch reagierte natürlich Basel, das denn auch den Baufortschritt laufend durch Kundschafter beobachtete. Basels Besorgnis war einerseits wirtschaftlicher Natur, ist anderseits aber auch politisch zu verstehen. Zu jener Zeit suchten die katholischen Orte ein engeres Zusammengehen, und sie traten in ein Bündnis mit dem in Pruntrut residierenden Fürstbischof und mit dem König von Frankreich. In einer Eidgenossenschaft, welche nach dem 2. Villmergerkrieg derart zerrissen war, dass sich die Stände auch in konfessionell getrennten Tagsatzungen zusammenfanden, überraschte es nicht, dass die reformierten Orte und vorab Basel hinter dem Ausbau am Passwang auch eine militärisch-strategische Absicht vermuteten: eine Militärstrasse zwischen den Bündnispartnern, die nirgends durch reformiertes Gebiet führte.

Die Angelegenheit kam deshalb 1731 vor die Tagsatzung in Baden, wo Solothurn ohne grossen Erfolg zu beschwichtigen versuchte. Nachdem schliesslich ein Berner Ingenieur eine Lokalinspektion vornahm, beschlossen die reformierten Orte im Sommer 1732 die Sache einstweilen auf sich beruhen zu lassen, aber aufmerksam zu beobachten, wofür die Strasse gebraucht werde.

Damit war offenbar die Krise auch beendet. Eine gewaltige Verkehrszunahme am Passwang war wohl auch nicht zu bemerken, zumal die Basler einen Weg fanden, den Verkehr über ihre Strassen zu leiten. Sie verbesserten nämlich 1738 die obere Hauensteinstrasse und boten den Bernern und den Solothurnern beträchtliche Zollermässigung auf Salzfuhren. Die Passwangstrasse blieb auch deshalb unattraktiv, weil die fürst-

Die alte Passwang-Strasse oberhalb des heutigen Nordportals des Scheiteltunnels

Oberbeinwil: die Höfe Dürrenast (rechts) und Unter Buechen (Mitte). Hier verlief der alte Passweg, und in dieser Zone wäre das Nordportal des einst geplanten Basistunnels gewesen.

bischöfliche Regierung entgegen der Vereinbarung das Strassenstück Allschwil–Reinach aus Geldmangel nicht erstellte und zudem die Passwang-Strasse über einige sehr starke Steigungen verfügte.

Wenige Jahrzehnte nach dem umstrittenen Strassenausbau brachte das Ende des Fürstbistums (1792) und die im Jahr darauf erfolgte Einverleibung in die «Grande Nation» sowie die Entstehung der Helvetischen Republik 1798 eine komplette Änderung der Verkehrssituation, da mit dem Hinfall der Wegzölle nun jene Routen bevorzugt wurden, die bezüglich Steigung und Länge die grössten Vorteile boten.

In jener Zeit, als die alte 13örtige Eidgenossenschaft in den letzten Zügen lag, nämlich Anfang März 1798, sah die Passwang-Strasse den Einfall der Franzosen. Am 1. März rückten Truppen aus Laufen und Brislach vor das Schloss Thierstein, das von Landvogt Surbeck mit einer kleinen Besatzung verteidigt wurde. Die ausweglose Situation erkennend, liessen sich die Besatzer zur nächtlichen Flucht bewegen. Die Franzosen trafen tags darauf ein leeres Schloss an, worauf sie weiter das Lüsseltal hinauf vorrückten. An der Stelle, wo jetzt oberhalb Neuhüsli das Stucketen-Chäppeli steht, kam es zu einem Gefecht mit den solothurnischen Truppen, unterstützt vom Landsturm aus der Vogtei Falkenstein. Nach heftigem Kampfe an dieser Stelle, welche auch als «Franzosenboden» bekannt ist, wichen die französischen Truppen ins Tal zurück. Doch mit angerückter Verstärkung wurde kurz danach zu einem neuen Angriff geblasen, der Posten auf dem Passwang vertrieben und ihm sogar noch zwei Kanonen abgenommen. Der Weg ins Aaretal war für diese französische Abteilung frei.

Basistunnel oder Scheiteltunnel?

Im 19. Jahrhundert zeigte sich deutlicher als je zuvor, dass die primäre Funktion des Passwang-Übergangs jene einer Ver-

Über die «Lange Brücke» zwischen Erschwil und Beinwil schreibt Johann Konrad Fäsi in seiner Staats- und Erdbeschreibung der ganzen Helvetischen Eidgenossschaft (Zürich 1765–1768): «In dieser Gegend schliesst sich das Gebirge so nahe zusammen, dass in einer Streke von 225. Schuh die Felsen-Wände kaum 20. bis 24. Schuh von einander abstehen. Diese so enge Öffnung war vorhin so wol ein Theil der unausweichlich hier durchgehenden Land-Strasse, als auch das Bett des Flüssgens Lüssel. Bey aufschwellendem Wasser wurde die Strasse ganz unbrauchbar. Der Stand entschloss sich also Ao. 1730., vermittelst einer gesprengten steinernen Brüke von einer Felsen-Wand zu der andern, in der ganzen Länge dieses engen Durchpasses, allem von dem Aufschwellen des Wassers herrührenden Ungemach für ein und allemal abzuhelfen, und damit den Reisenden, wie auch den schweren Last-Wägen eine sichere Brüke und trokne Strasse zu verschaffen. Dieses ausserordentliche Werk kam glücklich zu Stande. Das, was diese Brüke zur einzigen ihrer Art macht, ist, dass das Wasser nicht in die Quere, wie bey allen andern Brüken, sondern der Länge nach unter derselben hindurchfliesst; also dass man über dieselbe reiset, ohne eine

bindung benachbarter Talschaften war. Um aber dem lokalen Verkehr wirklich zu dienen, war die Strasse zu schlecht angelegt und insbesondere im Winter äusserst unbequem. Urs Peter Strohmeier gab 1836 ein entsprechend schlechtes Urteil über die Passwang-Strasse ab:

«Sie ist unstreitig die schlechteste Communicationsstrasse der Schweiz, obwohl sie eine der volksreichsten Amteien und die ausgedehnteste mit den vier übrigen und der Hauptstadt des Kantons verbindet. Es scheint, man habe beim Bau dieser halsbrechenden Strasse die höchsten Joche und unschicklichsten Stellen geflissentlich ausgewählt, um sie da durchzuführen.»

So wurden in der Mitte des 19. Jahrhunderts erste Pläne für eine Korrektion ausgearbeitet. Das Projekt sah einen etwa horizontal verlaufenden Basistunnel von 800 m zwischen Untere Buechen beim Neuhüsli und Hintere Sagi im Guldental vor. Der Vorschlag wurde am 22. Dezember 1853 aus Kostengründen vom solothurnischen Kantonsrat abgelehnt. Insbesondere die Schwarzbuben waren über diesen Entscheid sehr enttäuscht und empfanden das Nein als Benachteiligung gegenüber den anderen Kantonsteilen.

Erst im 20. Jahrhundert wurde der wiederholt geforderte Ausbau in Angriff genommen. 1926 wurde aus dem Schwarzbubenland eine neue Forderung laut. Nachdem verschiedene Vorschläge für einen Tunnel (Basis- oder Scheiteltunnel) geprüft wurden, konnte im April 1931 mit dem Bau des heutigen Zingelen-Scheiteltunnels begonnen werden. Bis zu seiner Fertigstellung im Herbst 1933 fanden durchschnittlich 300 Arbeiter eine Beschäftigung, davon waren 90 Prozent Arbeitslose. Beim Vortrieb des Sohlenstollens kam man täglich etwa drei Meter voran; der Durchstich des 180 m langen Tunnels erfolgte bereits am 16. September 1931. Der Scheitelpunkt der Passstrasse liegt am Südausgang des Tunnels auf einer Höhe von 943,2 m.

Mit der Fertigstellung des Scheiteltunnels und verschiedener Strassenkorrekturen zwischen Erschwil und Mümliswil war man für den motorisierten Verkehr gerüstet. Doch das Verkehrsaufkommen blieb bis zum heutigen Tag bescheiden: Waren es 1965 im Tagesdurchschnitt 660 Fahrzeuge, so zählte man um 1995 täglich rund 1500 Motorfahrzeuge. Es überrascht deshalb nicht, dass der in den 1960er Jahren wieder laut gewordene Wunsch nach einem Basistunnel wohl endgültig vom Tisch ist. Noch 1976 sah man in einem Projektentwurf vor, die Passwang-Strasse über 13 Kilometer neu zu trassieren und mit einem 1200 m langen Basistunnel komfortabler zu machen. Ausserdem waren verschiedene Dorfumfahrungen vorgesehen. Dass dieses Grossprojekt nicht ausgeführt wird, geht aus dem Richtplan 1997 des Kantons Solothurn hervor, wo auf die Option eines Basistunnels verzichtet wird, weil das Verkehrsaufkommen für eine solche Investition zu gering sei.

Somit behält der Passwang-Übergang auch weiterhin seine Bedeutung als lokale Verbindungsachse zwischen den Tälern und Dörfern nördlich und südlich der Passwang-Kette. Aus-

*Brüke zu bemerken.»
Offenbar war es Fäsi entgangen, dass in diesem Bereich die Passwangstrasse vor dem Bau der Langen Brücke nicht durch das Bachbett, sondern über einen zeitraubenden Umweg verlief.*

Geologisches Profil des Passwang-Scheiteltunnels nach der Aufnahme von Dr. Hans Mollet, Biberist

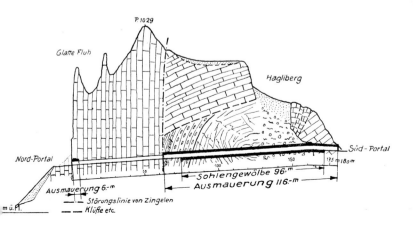

serdem dient die Route dem Ausflugs- und Wochenendtourismus und wird ganz besonders gern auch von Velo- und Motorradfahrern benutzt. Bedauerlich ist hingegen, dass es bis heute – trotz entsprechenden Vorstössen – keine durchgehende Postauto-Verbindung z. B. von Laufen nach Balsthal gibt. Es ist zwar erwiesen, dass ein Berufspendlerverkehr über den Pass praktisch inexistent ist, aber es ist auch eine Tatsache, dass es eine gewisse Nachfrage bei Berufsschülern gibt, welche zum Teil grosse Umwege in Kauf nehmen müssen.

Träume von einer Bahn durch das Lüsseltal

Wesentlich kürzer als die Geschichte der Passwang-Strasse ist jene der Eisenbahn-Projekte, welche das Passwang-Gebiet berührten. In der Tat gab es auch nie ein Vorhaben, vom oberen Lüsseltal durch die Passwang-Kette einen Eisenbahntunnel zu bauen. Immerhin versuchte man aber den östlichen Teil der Kette zu durchstossen. Da ist zum einen die 1899 vorgeschlagene Führung einer Bahn von Waldenburg durch den Kellenberg nach Mümliswil und anderseits die Wasserfallenbahn mit einem etwa 4,7 km langen Tunnel von Reigoldswil nach Mümliswil. Wie an anderer Stelle ausgeführt wird, wurde 1874 tatsächlich mit den Arbeiten am Wasserfallentunnel begonnen, aber kurz darauf wieder eingestellt. Das Projekt wurde dann im Jahre 1899 noch einmal diskutiert, aber nach kurzer Zeit zugunsten des Hauenstein-Basistunnels Tecknau–Olten endgültig begraben.

Das Nordportal in der Zingelenflue

Nicht über das Stadium der Ausarbeitung eines generellen Projektes hinausgediehen ist auch der Traum einer Bahnlinie, welche die kürzeste Verbindung von Basel nach Solothurn und weiter in Richtung Bern–Lötschberg–Simplon erlaubt hätte. Im Jahre 1898 stellte Bezirksingenieur Gascard (Delémont) eine zusammen mit dem Baselbieter Ingenieur Rudolf Gelpke ausgearbeitete Studie vor, die eine Bahnlinie mit folgendem Verlauf vorsah: Zwingen–Brislach–Breitenbach–Büsserach–Erschwil und von hier durch einen 3,5 km langen Tunnel unter dem Welschgätterli nach Mervelier, dann durch zwei weitere Tunnels nach Rüttenen und in grosser Doppelkurven nach Solothurn. Die Neubaustrecke wäre ungefähr 36 km lang gewesen, wovon 15,5 km durch Tunnel geführt hätten. Für diese Linie wurde 1903 sogar ein Konzessionsgesuch eingereicht, aber die Situation hatte sich inzwischen geändert, weil Solothurn nun auf die schliesslich auch ausgeführten Tunnelprojekte durch den Weissenstein und durch den Grenchenberg gesetzt hatte.

Rückblickend darf aber festgehalten werden, dass Solothurn durch die kalte Schulter, welche sie dem Projekt von Gascard zeigte, dem Schwarzbubenland die Möglichkeit für eine direkte und schnelle Verbindung zwischen dem nördlichen und dem südlichen Kantonsteil nahm. Zudem bleibt es im Reich der Spekulation, ob diese Bahnlinie, wäre sie gebaut

worden, den heutigen Diskussionen um den Nord-Süd-Bahntransit einen anderen Akzent verliehen hätte.

Zu diesem Projekt nachzutragen ist, dass 1918 im unteren Lüsseltal nochmals Bahnträume gehegt wurden: Der Direktor der Isola-Werke Breitenbach, Albert Borer, reichte nämlich ein Konzessionsgesuch für eine Meterspurbahn Zwingen–Erschwil ein, die dem Personen- und Warentransport gedient hätte; letzterer sollte, besonders für die Isola, auch im Rollschemelverkehr erfolgen. Dieses Projekt scheiterte letztlich an der Kirchturmpolitik: Die Gemeinde Laufen sah es ungern,

Eisenbahnlinien und Eisenbahnprojekte im Solothurner Jura sowie die Passwang-Strasse mit dem Verlauf einer Basistunnel-Variante

dass Zwingen Ausgangsbahnhof einer solchen Stichbahn werden sollte, und reichte darum ein eigenes Bahnprojekt für eine Lüsseltalbahn Laufen–Breitenbach ein. Ein Intrigenspiel und schliesslich die aufziehende Weltwirtschaftskrise verhinderten den Bau der Projekte, für die sogar die Konzessionen ausgestellt wurden.

Eine Schmalspurbahn für die Touristenwelt

Während die obigen Bahnprojekte dem Reise- und Güterverkehr gedient hätten, gab es auch Bahnträume, welche vorab touristischen Zwecken dienten. So wurde 1891 von Ingenieur Beyeler, Bern, ein Konzessionsgesuch für ein Schmalspurnetz im Bereich der Balsthaler Klus eingereicht. Das Netz von insgesamt 63 km Länge sah folgende Linien vor: Langenthal–Oensingen–Balsthal, Balsthal–Mümliswil, Balsthal–Gänsbrunnen–Münster / Moutier und Balsthal–Langenbruck–Waldenburg. Begeistert und vollständig überzeugt von einem solchen Vorhaben meinte der Berner Bund u. a.:

«Dass auch die Schienenverbindung in basellandschaftlicher Richtung ihre Berechtigung und gute Zukunft hat, braucht man bei der Wichtigkeit des Kurortes Langenbruck und dem Gedeihen der Waldenburgerbahn nicht des Weiteren auseinander zu setzen. Die Touristenwelt namentlich wird die neue Linie lebhaft und freudig begrüssen, denn nicht nur Baselland mit seinen Höhen in der Umgebung von Langenbruck, sondern auch der Solothurner Jura bietet der Reize und Anziehungspunkte viele. Wir erinnern an den Passwang und die anliegenden Höhen sowie die Weissenstein-Kette. Sie werden im Sommer in ausgedehnter Weise besucht. Bekannt sind die beiden Kurorte Balmberg, die zwei Kurorte Weissenstein, die zwei berühmten Aussichtspunkte Rütte und Hasenmatt. Interessant sind auch die vielen Burgen und Ruinen, wie z. B. an den beiden Klusen, sowie diese selbst mit ihren majestätischen himmelanstrebenden, kaum den Eingang gewährenden Felsthoren. Wie noch die Beinwilerberge, die Hohe Winde, den Vogelberg, die Wasserfalle, sowie endlich den Graitery im bernischen Jura.»

Elektrisch auf den Passwang?

Unter dem Titel «Neue Eisenbahnen in Baselland» berichtete einige Monate später auch die «Basellandschaftliche Zeitung» über das Bahnprojekt und wartete gleich noch mit einer überraschenden Neuigkeit auf:

«Wie in verschiedenen Zeitungen zu lesen war, soll nun die Fortsetzung der Waldenburgerbahn über Langenbruck und Holderbank nach der Klus bei Balsthal eingehend studiert und die eidgenössische Konzession hiefür nachgesucht werden. Von der Station Waldenburg hat diese Linie auf zirka 5 Kilometer Länge bis zum Kulminationspunkt in Langenbruck

Dampfzug der Oensingen–Balsthal-Bahn (OeBB) auf der Bergfahrt durch die Äussere Klus. Beim Bau der Wasserfallen- oder der Kellenbergbahn wäre Balsthal nicht Endstation einer Stichbahn geblieben.

bloss 135 Meter zu ersteigen, was sich wie der Abstieg nach der Klus leicht machen lässt.

Womöglich wird der elektrische Betrieb an der gewinnenden Wasserkraft für diese Bahn und für die Beleuchtung eingeführt werden. Eine elektrische Bahn wäre für unsere Verhältnisse besonders angenehm und begrüssen wir deshalb Herrn Ingenieur Hetzel mit seiner neuesten Idee und hoffen, er werde die nöthige Wasserkraft hiezu gewinnen können und wäre sie auch weit weg! Einstweilen aber handelt es sich besonders um die finanzielle Unterstützung seiner Vorstudien und sollten unsere Gemeinden deshalb sogleich die nöthigen Beiträge votiren.

Dann wird dieser Ingenieur auch das Tracé einer kleinen Bergbahn auf den Passwang näher studiren und unsere Kurgäste würden mit der Zeit den basellandschaftlichen Rigi von hier aus leicht und bequem befahren und sich dort an der weiten Rundsicht erfreuen können. Wir wünschen deshalb Herrn Hetzel Glück.»

Wenige Tage danach wurde dieselbe Zeitung dank einem Korrespondentenbericht aus dem Waldenburger Tal noch präziser, wobei dieser Beitrag durchaus unter dem Eindruck des grossen Münchensteiner Eisenbahnunglücks vom 14. Juni (mit 71 Toten) verfasst wurde:

«Im ‹Waldenburger Bezirksblatt› vom 16. September sucht ein Korrespondent den Bewohnern des Frenkenthales plausibel zu machen, dass es in ihrem Interesse liege, die beiden Bahnprojekte des Herrn Ingenieur Hetzel aus Basel finanziell zu unterstützen. Herr Hetzel schlägt vor:

1. Eine direkte Touristenbahn von Waldenburg nach der Klus in Verbindung mit dem Gotthard über Langenthal nach Luzern und
2. eine Bergbahn von Oberdorf auf den Passwang. Der Herr Korrespondent begründet die Nothwendigkeit einer solchen Bahn damit, dass das Publikum seit den vielen Bahnkatastrophen die Strassenbahnen mehr aufsuche, als denn die schnellfahrenden Linien mit langen gefährlichen Zügen, in denen gar oft im Moment, wo's gerade nöthig sei, die grossen und kleinen Bremsen kaum funktioniren, oder auch die Brücken, wenn die schweren Züge darüber fliegen, gar leicht zusammenbrechen.

Die Touristenbahnen seien viel sicherer. Eine elektrische Schmalspurbahn biete dem reisenden Publikum die grösste Sicherheit. Die Geschwindigkeit steige oder falle nach Bedarf, die Bremsung des Motorwagens sammle die elektrische Kraft und verwende dieselbe für die neue Steigung der Bahn.

Die elektrischen Wagen seien für den Sommerbetrieb leicht konstruirt und erlauben einen freien Blick in die Ferne. Das reisende Publikum werde deshalb stets dem leichten Bahnwagen den Vorzug geben.

Von dem Passwangbahnprojekt meldet der Herr Korrespondent weiter, dass selbes links an Liedertswil vorbei nach der Wasserfalle und dem Passwang komme und leicht und ohne Schwierigkeiten eine elektrische Bahn erbaut werden könne. Er führt die ‹Basler Ztg.› an, die schon im Frühling auf dieses Projekt aufmerksam gemacht hat. Jener Korrespondent ist allerdings bekannt und hat man sich seiner Zeit genugsam darüber lustig gemacht, dass man jene Korrespondenz ernst nahm.

Die Kraft für den elektrischen Betrieb der projektirten Bahnen will der Korrespondent des Bezirksblattes aus dem Gäu herauf transmitiren, wenn sie in unserem Thal nicht zu finden ist. Der Herr Korrespondent hat sich ordentlich Mühe gegeben, den Beweis zu leisten, dass ein solcher Bahnbetrieb viel sicherer und auch die nöthige Wasserkraft vorhanden sei. Ob sich das aber alles so leicht macht, wie der Herr Korrespondent des Bezirksblatts glaubt, und ob die Bahnen rentiren würden, ist eine weitere Frage. ‹Die Botschaft hör' ich wohl, allein mir fehlt der Glaube.›»

In der Tat blieb es auch in diesen Fällen beim Projekte. Einzig der Abschnitt Gänsbrunnen–Moutier, jedoch als Teil der Solothurn–Moutier-Bahn (SMB) ging am 1. August 1908 in Betrieb, und die Stichbahn von Oensingen nach Balsthal (OeBB) wurde sogar schon am 17. Juli 1899 eröffnet – beide als normalspurige Linien.

Aber der Wunsch nach einer durchgehenden Bahn über Langenbruck verstummte nicht sofort. So reichten z. B. 1909 die Herren Ing. A. Beyeler, Arthur Bider und E. Jenny ein Konzessionsgesuch für eine Meterspurbahn Waldenburg–Balsthal ein, welche via St. Wolfgang auch als Stichlinie nach Mümliswil führen sollte. Und der «Basellandschaftlichen Zeitung» vom 14. Januar 1910 entnehmen wir die Mitteilung, dass seit dem Bestehen des kantonalen Eisenbahnsubventionsgesetzes neue Eisenbahnprojekte wie Pilze aus dem Boden schiessen, so neuerdings eine Zahnradbahn Reigoldswil–Passwang und eine Drahtseilbahn Eptingen–Bölchen. Die Zeitung zeigte sich in ihrem Kommentar nicht gerade optimistisch: «Wir zweifeln daran, ob eine derartige Anlage sich auf die Dauer halten könnte. Unsere Berggipfel sind leicht zu besteigen, und Frühwanderungen im Jura gehören immer zu den schönsten und lohnendsten Touren. Überhaupt werden Bergbahnen im Baselbiet wenig Aussicht auf Erfolg haben, da es schon schwer hält, für die Talschaften Bahnverbindungen zu erlangen.»

Wie prophetisch doch manchmal auch ein Zeitungsjournalist sein kann...!

Seit 1880 ist Waldenburg Endstation der Waldenburger Bahn.

Paul Suter

Von der ehemaligen Kirche St. Hilar bei Reigoldswil

Über die Gründung der St.-Hilarius-Kirche bestehen leider keine urkundlichen Unterlagen. Analog der benachbarten Kirche St. Remigius bei Lauwil muss sie zur Zeit der fränkischen Herrschaft im 7./8. Jahrhundert erfolgt sein. Dafür spricht der Name des Kirchenpatrons; St. Hilarius, der fränkische Bischof und berühmte Kirchenlehrer; aber auch der Fund einer merowingischen Münze als Grabbeigabe im nahe gelegenen Gräberfeld im Ziegelhölzli unterstützt diese Auffassung.

Im späten Mittelalter erhielten die Herren von Ramstein die Kirche St. Hilar als Lehen vom Bischof von Basel. Bei der Teilung des Hauses Ramstein ging der Besitz an die Gilgenberglinie dieses Adelsgeschlechts über. Im Liber Marcarum, einem bischöflichen Pfrund- und Steuerregister von 1394 wird St. Hilar folgendermassen erwähnt: der Rector sancti Hylarii erlegt jährlich 2 Marc, der Plebanus ibidem (ebendaselbst) 3 Marc. Die Kirche war also damals mit zwei Priestern ein nicht unbedeutendes, begütertes Gotteshaus. 1484 wird gemeldet, St. Hilar sei «bisher durch die erbaren Herren zu Schöntal ordentlich versehen», d. h. durch Angehörige des bekannten Klosters bei Langenbruck kirchlich betreut worden[1].

Zu Beginn des 15. Jahrhunderts, also noch vor der Reformation, setzte der Niedergang ein. Beide Kirchen, St. Romai und St. Hilar, waren ohne Priester. Da vereinigten die Inhaber der Kirchensätze von St. Romai (Vikar des Bischofs von Basel) und St. Hilar (Edle von Ramstein-Gilgenberg) die beiden Gotteshäuser und bestellten einen einzigen Priester, der zugleich Leutpriester zu St. Romai und Kaplan zu St. Hilar sein sollte.

300 Jahre in Solothurner Besitz

Der letzte Ramstein-Gilgenberger, Hans Imer, 1496 und 1498 Bürgermeister in Basel, 1499 aus diesem Amt verdrängt, nachher österreichischer Vogt in Ensisheim und Bürger zu Solothurn, verkaufte 1527 die Herrschaft Gilgenberg und damit

Emanuel Büchel: Blick vom Wasserfallen-Saumpfad auf das Kirchlein St. Hilar und Reigoldswil. Ausschnitt aus dem Kupferstich «Die Wasserfalle in dem Canton Basel» in David Herrlibergers «Topographie der Eydgnossenschaft» (1754–73), gestochen von D. Herrliberger

auch St. Hilar mit seinem Kirchengut an die Stadt Solothurn. Dieser kam der Zuwachs sehr gelegen, hatte sie doch schon im 15. Jahrhundert im Diegtertal und am Oberen Hauenstein vergeblich versucht, sich in der Landschaft Basel festzusetzen. Zwei Jahre nach der Besitznahme von St. Hilar durch Solothurn kam es in der Stadt und Landschaft Basel zur Reformation. Auf die Weisung des Rates von Basel, «die kilchengezierden, billder und anderes» hinwegzutun, antwortete Solothurn, man solle in St. Hilar nichts verändern, bis der Vogt von Gilgenberg nach Basel komme. Basel entsprach diesem Wunsch aber nicht. Der Obervogt von Waldenburg nahm den Kelch, den Hans Imer beim Verkauf seiner Herrschaft den Solothurnern überlassen hatte, zuhanden. Von anderen «kilchengezierden» war nicht die Rede. Auf die Reklamation von Solothurn erlegte der Obervogt im Namen seiner Vorgesetzten einen Geldbetrag.

Als im Jahre 1536 die Kirche St. Romai abbrannte, übernahm Basel 1540 die Herrichtung von St. Hilar für den reformierten Gottesdienst. Die Kanzel wurde etwas erhöht und einige Kirchenstühle wurden mit Lehnen versehen, «damit sich alt und krank Lüt daran stützen mögen». Bis 1555 war dann St. Hilar der Mittelpunkt der Pfarrei Reigoldswil-Lauwil und von 1555 bis zur Einweihung der heutigen Dorfkirche im Jahre 1562 Wechselkirche des Pfarrsprengels Bretzwil-Reigoldswil-Lauwil.

Mit dem Bau der neuen Kirche in Reigoldswil war nun eigentlich die Aufgabe der Kirche St. Hilar am Fuss der Wasserfalle erfüllt. Interessant ist, dass der Lehenmann des Kirchengutes noch in der zweiten Hälfte des 18. Jahrhunderts gehalten war, «das Lächen sambt Sancti Hylari Cappel in gutem Bauw und Ehren auch in Dach und Gemach (zu) erhalten». Der katholische Stand Solothurn behielt ausserdem nach der Reformation in den Lehenbriefen[2] die vorsorgliche Bestimmung bei, «ob sich begebe, dass hienach der Gottesdienst wie bishär in gemeiner catholisch christlichen Kirchen gebraucht worden, in unserer lieben Eydgenossen von Basel Landschaften wiederum aufgerichtet und gehalten würden, alsdann solle er (der Lehenmann) das Sigristenamt in vorbemelter Kirchen versechen». Nach einer Notiz in den Solothurner Ratsmanualen erhielt der Lehenmann von St. Hilar im Jahre 1581 sogar ein Paar Hosen in den Solothurner Farben, womit die Anwesenheit der Aarestadt in der Landschaft Basel augenfällig dokumentiert wurde.

Das Kirchengut oder Widum umfasste 7 Mannwerk Matten und 11 Jucharten Acker und Matten. Die meisten Grundstücke befanden sich in der Nähe von St. Hilar, die Äcker waren auf die drei Zeigen des Dorfes Reigoldswil verteilt. Der Lehenzins betrug 1587 nur 5 Pfund, 1761 106 Pfund. In der Erhöhung kommt die Abwertung der Währung zum Ausdruck. Um den Bestand des Widums zu sichern, schritt man 1724 zur Aussteinung der Güter. Die Grenzsteine erhielten die Bezeichnung HG (Hilari Gwidum). Verschiedene Steine stehen noch, ein Exemplar ist in der Grenzsteinsammlung beim Sekundarschulhaus Reigoldswil aufgestellt.

Im Jahre 1804 wurde der Zins des Lehenmanns Bernhard Roth wegen schlechter Beschaffenheit des Landes auf 85 Pfund reduziert, zugleich beantragte die solothurnische Lehenkammer den Verkauf der Kirche und der Güter. Nachdem der letzte Lehenmann Heinrich Roth den Kauf ausgeschlagen hatte, erwarb schliesslich die Gemeinde Reigoldswil St. Hilar samt Kirchengut und einen Speicher im Dorfteil Oberbiel um 4000 alte Franken, zahlbar in jährlichen Raten von 1000 Franken. Vom Kirchengut wurde ein Teil dem Gemeindegut einverleibt, das übrige parzelliert und an Bürger verkauft. Das Chilchli und der Speicher gelangten ebenfalls in private Hand. Beide Gebäulichkeiten wurden für Wohnzwecke umgebaut. Damit endete die 300jährige Geschichte der solothurnischen Besitzung in Baselland und die nahezu 1200jährige Geschichte der ehrwürdigen Kirche St. Hilarius.

*Emanuel Büchel:
St.-Hilar-Kapelle und
Vordere Wasserfallen.
Ausschnitt aus einem
Kupferstich, 1756*

Das «Chilchli» als Wohnhaus

An seine frühere Bedeutung als Gotteshaus erinnert immer noch die West-Ost-Richtung des Dachfirstes. So steht das Gebäude giebelseitig zum alten Wasserfallenweg, der auf der linken Bachseite entlangläuft. Manche Beobachter glauben, die massive Stützmauer an der Südostecke des Giebels hange mit dem alten Kirchenbau zusammen; es handelt sich aber eher um eine notwendige Verstärkung der Giebelmauer, als das Haus zu Beginn des 19. Jahrhunderts umgebaut wurde. Dabei erhöhte man das ehemalige Kirchengebäude um zwei Meter, richtete zwei Stockwerke ein und fügte einen Wirtschaftstrakt an. Fraglich ist, ob der gewölbte Keller unter dem vorderen Teil der Wohnung, der von der Nordseite her mit einer Steintreppe zugänglich ist, mit der alten Kirche zusammenhängt oder erst beim Umbau vertieft und mit einem Gewölbe versehen wurde. Bei diesen umfangreichen Bauarbeiten könnte auch die Erstellung des Stützpfeilers an der Südostecke des Giebels notwendig gewesen sein.

Das Chilchli mit dem Glockentürmchen vom abgebrochenen Liedertswiler Schulhaus

Das Chilchli wurde in der Folge von Posamenterbauern bewohnt, wofür auch die grossen Fensterflächen auf der Südseite sprechen. In der zweiten Hälfte des 19. Jahrhunderts war hauptsächlich eine Familie Frey im Chilchli ansässig. Sie erhielt den Dorfnamen «Chilchli» (Chilchlijoggeli, Chilchliemil, Chilchlichöbi) und behielt ihn auch, als einzelne Familienglieder sich in einem anderen Dorfteil niederliessen.

Der Initiative und dem Opfersinn von Herrmann Fontana-Schaad ist es zu verdanken, dass das historische Gebäude von St. Hilar eine erfreuliche Aufwertung erfahren hat. Als 1970 das alte Schulhaus von Liedertswil abgebrochen wurde, erwarb er den Dachreiter mit Schlaguhr, kaufte eine Glocke zu und liess das Türmchen an die gleiche Stelle versetzen, wo noch um die Mitte des 18. Jahrhunderts der bekannte Zeichner Emanuel Büchel ein solches festgehalten hatte. Seit dem Sommer 1970 freuen sich die Bewohner des Chilchliquartiers, die den Stundenschlag der Dorfkirche kaum hören können, an einer Schlaguhr und den üblichen Läutezeichen (5.30, 11.00, 15.00 oder 16.00, und beim Einnachten). Das Glöcklein (Ton g) ertönt auch, wenn ein Anwohner Hochzeit feiert oder zur letzten Ruhe bestattet wird. Anlässlich der Versetzung des Türmchens wurde das Chilchli St. Hilar mit Einwilligung der beiden Eigentümer sowie der Gemeinde Reigoldswil unter Denkmalschutz gestellt. Umbau durch den Besitzer 1995 bis 1997 und zugleich archäologische Grabungen durch den Kanton (die Auswertungen sind noch nicht abgeschlossen).

Anmerkungen
[1] Staatsarchiv Solothurn, Ratsmanuale 13, 605 (vom Jahr 1484).
[2] Staatsarchiv Solothurn, Lehenbriefe St. Hilar 1587, 1761, Register der Ratsmanuale 1581 (Hosen in den Solothurner Farben).

Literatur
Hans Häfeli, Die Hilarikirche zu Reigoldswil. In: Der Schwarzbueb 1965, S. 83–89.
Karl Gauss, Reformierte Baselbieter Kirchen unter katholischem Patronate. In: Basler Jahrbuch 1913, S. 20–26.
Paul Suter, Zur Geschichte der Gotteshäuser des Baselbieter Hinterlandes. St. Hilar bei Reigoldswil. In: Baselbieter Heimatblätter, Bd. 8, 1972, S. 252–258.

Wie Reigoldswil die Wasserfalle verloren hat *Paul Suter*

Südlich von Reigoldswil bildet die Passwangkette einen markanten Abschluss des hinteren Frenkentales. Der Felsgrat der höchsten Jurakette des Baselbiets war von alters her die natürliche Grenze zwischen Sisgau und Buchsgau. Erst im Galgenkrieg 1531, einer Auseinandersetzung zwischen Basel und Solothurn, gelang es der Aarestadt, über die Wasserscheide nach Norden vorzustossen und einen schmalen Landstreifen, das Gebiet der Hinteren Wasserfalle, ihrem Territorium anzugliedern[1]. In der vorliegenden Untersuchung lassen wir diese Grenzbereinigung beiseite und beschränken uns auf die Waldungen der Enzianflue, der Ankenballen, der Hinteren Egg und des Chellenchöpflis.

Die Besitzverhältnisse im 17. Jahrhundert

Ursprünglich verlief die Banngrenze Reigoldswil–Waldenburg vom Felskopf, Ankenballe genannt, in südlicher Richtung über die Wasserfallenweide hinauf zur Hinteren Egg bis zur Mümliswiler Grenze beim Chellenchöpfli. Somit befand sich das Gebiet der Vorderen Wasserfalle im Reigoldswiler Gemeindebann[2]. Aber bereits 1623 (vielleicht schon früher) wurde die Wasserfallenweide als «Vogts Waydt» bezeichnet. Sie war also ein Bestandteil des Schlossgutes Waldenburg (Sennhaus) und wurde als Sommerweide benutzt. Dieser Umstand und eine Grenzbeschreibung im Gemeindebuch des Städtchens Waldenburg[3], wonach seine Gemeindegrenze «bis uff die Stägen» (d. h. die steile Stelle des alten Wasserfallenweges bei der Säuschwänki) verlaufe, veranlasste Waldenburg im 18. Jahrhundert, das Gebiet der Weide als Teil seines Bannes zu betrachten.

Der Grenzstreit im Jahre 1722

Im Herbst 1722 wandte sich die Gemeinde Reigoldswil an den Obervogt Thurneisen auf Waldenburg und verlangte eine Untersuchung der Grenzverhältnisse auf der Wasserfalle.

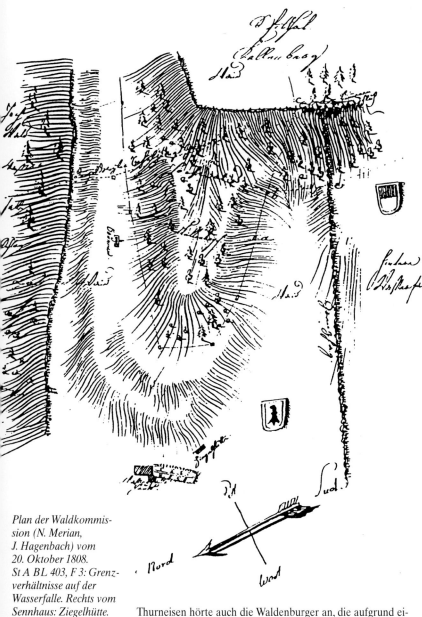

Plan der Waldkommission (N. Merian, J. Hagenbach) vom 20. Oktober 1808. St A BL 403, F 3: Grenzverhältnisse auf der Wasserfalle. Rechts vom Sennhaus: Ziegelhütte. Dort gemachte Funde von Eisenschlacke weisen auch auf eine Verhüttung von Eisenerz hin.

Thurneisen hörte auch die Waldenburger an, die aufgrund einer Eintragung in ihrem Gemeindebuch ihren Standpunkt verteidigten. Der Rat in Basel übertrug darauf die Angelegenheit den Waldherren, die mit Zuziehung der Gescheide beider Gemeinden vermitteln sollten.

Zeugenaussagen der Reigoldswiler:[4]

Rudi Heuberger, 71jährig, von seinem Vater gehört, «Reigoldswiler hätten von alters her ungehindert in dem Entzionengraben und auf der Wasserfalle Holz geholt».

Durs und Joggi Dietrich, von ihren Vätern gehört, «es haben vor langen Jahren die Reigolswiler das Recht gehabt, mit ihren s.v. (salva venia = mit Verlust zu melden) Schweinen das aldortige Buch und achering (Buchnüsse und Eicheln) aufzuweiden».

Ulrich Bürgin. 82jährig, sagt, «sein Vatter seye s.v. Schweinehirt gewesen undt aldorten in das ackhering gefahren».

Die ganze Gemeinde Reigoldswil sagt, «sie halte den Haag auf der Entzionen für keinen fridhaag (Grenzhag), sondern für einen weidhaag, welchen die Gemeind Waldenburg für ihr s.v. Vieh nöhtig hat, damit kein Unglück dadurch entstehe».

Zeugenaussagen der Waldenburger:[5]

Gebiet Entzionen und Wasserfalle «sei vor unvordencklichen Jahren her im Waldenburger Bann gewesen»: aus den Waldungen wurde auch Brennholz für den Landvogt und den Pfarrer entnommen.

Die Waldenburger hatten die Friedhäge jederzeit allein gemacht, die Reigoldswiler als Kläger «hatten niemals einen einzigen Pfahl (ein)geschlagen».

Zu verschiedenen Malen wurden Holzfrevler aus Reigoldswil «zu gebührenden Strafen» verurteilt.

Auf den Bannumgängen der Waldenburger («Von der Kellenberger Höchi hinab zum Herrlichkeitsstein und von dannen auf die Steegen») wurden kein einziges Mal die Reigoldswiler in diesem Bezirk angetroffen, «eine sichere und ohnfehlbare Prob».

Abschluss des Grenzstreites: Bannbrief vom 21. Oktober 1722[6]

Nach einem Vergleich wurde der Verlauf der Banngrenze Waldenburg–Reigoldswil folgendermassen festgelegt: «in der Wasserfallen von dem Ahornenen Stockh beym bronnen grad über auff den fridhag, so an Bärengraben stosst, und von dannen bis auf die Stegen, von da auff den Herrlichkeith Stein ob dem gatteren bey der Legi (Legi = Hagübergang), und gegen der Kellenberger Höchi und auf hinteren Kelleneckh». Was sich in diesem Bezirk gegen Reigoldswil «an Brennholtz befinden thut», gehört allein den Reigoldswilern, «was aber von Bauholtz durch obrigkeitlichen Anschlag den Waldenburgern von ihrem Waibel, den Reigoldswilern von ihrem Amptpfleger gezeigt, auch die benötigten Schlittkuechen, mit Bewilligung eines jeweiligen Landvogts, gedachten Reigoldswilern aus dem Waldenburger Bahn verabfolgt werden, doch dass die Gemeind Reigoldwil dies Orthes ausser dem Brennholtz weder Bahns-Gerechtigkeit, Boden, noch Weydtgang ansprechen» (kann).

Blick von der Vorderen Wasserfallen gegen Passwang und Vogelberg

Der Kauf- und Tauschvertrag von 1841[7]

Nach der Trennung von Stadt und Land (1833) übernahm das Kirchen- und Schulgut Baselland das Waldenburger Schlossgut. Die Vordere Wasserfalle, ehemals Sommerweide, war schon 1804 durch Verkauf in private Hand gekommen. Der erste Besitzer war Friedrich Meyer aus Waldenburg. Aus dieser Zeit stammt eine Planskizze von Hans Jacob Meyer und ein Plan der Waldherren (siehe Abb. S. 80). Im Jahre 1841 kam es dann zu einer Ausscheidung der Rechte der Gemeinden Reigoldswil und Waldenburg. Reigoldswil verzichtete endgültig auf das Holzrecht auf der Hinteren Egg und auf dem Chellenchöpfli. Waldenburg hingegen überliess das Beholzungsrecht im Entzionengraben bis zur Ankenballe den Reigoldswilern und erhielt von ihnen als «Nachgeld» eine Entschädigung von 275 Franken. Diese Regelung gilt auch heute noch. Reigoldswil besitzt in der ausgesteinten, 12 ha umfassenden Waldfläche im Banne Waldenburg das Beholzungsrecht. An die Verhandlungen der beiden Gemeinden[8], die zum Teil wohl in Reigoldswil stattfanden, erinnert eine alte Redensart, welche auf den beträchtlichen Landverlust auf der Wasserfalle hinweist:

«Z Reigetschwyl in der Sunne, isch d Ankeballe verrunne!»

Anmerkungen
[1] Paul Suter, Heimatkunde Reigoldswil. Liestal 1987, S. 60.
[2] Siehe unsere Abbildung: Reigoldswyler Beholzungs Gränze
[3] St A BL 360, E 1, vom 15. Sept. 1722
[4] St A BL 360, E 3
[5] St A BL 360, E 2
[6] St A BL 360, F 4, vom 21. Okt. 1722
[7] Gemeindearchiv Reigoldswil 31/5, vom 1. Nov. 1841
[8] Das Lokal des früheren Zivilgerichts Reigoldswil–Lauwil war unzweifelhaft im Gasthaus zur Sonne. Wahrscheinlich fanden daselbst 1841 auch die Verhandlungen mit der Gemeinde Waldenburg statt.

Kultur-historische Exkursionen und Besuche

Flugaufnahme von Süden gegen die Wasserfallen

Peter Suter

Rundwanderung über Passwang und Wasserfallen

Route: Reigoldswil (509 m) – Unt. Gillen – Lauwil (633 m) – Bürten (992 m) – Vogelberg – Passwang (1204 m) – Hint. Wasserfallen (1013 m) – Vorderi Egg (1059 m) – Waldweide 1014 m) – Studenweid (904 m) – Schuflenberg – Reigoldswil

Marschzeit: 5–6 Stunden

Beschreibung: Vom Dorfplatz Reigoldswil (Autobusstation) marschieren wir zunächst via Bretzwilerstrasse – Rüschel zum Parkplatz vor dem Primarschulhaus (Ausgangspunkt für PW-Fahrer). Wir durchqueren das Schulareal über die grosse Treppe (Primarschulhaus 1912/13, neue Schulgebäude inkl. Sekundarschule 1961–1965). Rechts steht die Bronzefigur «David», geschaffen vom Reigoldswiler Bildhauer Jakob Probst (1880–1966). In wenigen Schritten, dem Schulweg entlang, gelangen wir hinunter ins Tälchen des Rüschelbaches und wenden uns gleich nach der Brücke nach rechts, talaufwärts auf dem Feldweg bis zum asphaltierten Strässchen; diesem folgen wir nach rechts über die Brücke zum Häuserpaar Unt. Gillen (538 m). Nach der Überquerung der Staatsstrasse wandern wir auf dem steilen Fusspfad nach Lauwil.

Lauwil (633 m): Die kleine Dorfsiedlung mit ihren drei Strassenzeilen liegt auf einer Bergterrasse des oberen Muschelkalkes. Der grosse, 728 ha umfassende Gemeindebann reicht bis zu den höchsten Bergzügen des Kettenjuras. 46% der Fläche werden land- und forstwirtschaftlich von den 13 Einzelhofbetrieben genutzt. Ein kurzer Abstecher in die Hauptstrasse (östl. Dorfausgang) zeigt verschiedene Formen von Vielzweckbauten des 18. und 19. Jh. Bei allen Häusern ist der Einfluss der Heimposamenterei (Seidenbandweberei) nicht zu übersehen. Der schöne, zweiröhrige Dorfbrunnen lässt auf genügend Trinkwasser schliessen. Das Dorf gehört zu den im hintern Baselbiet häufigen Orten auf -wil. Name und Bodenfunde weisen auf die im 7. Jh. einrückenden Alemannen (Sippe des Ludo). 1246 Luwilr, 1755 Lauwil, dialektisch Louel. Im Mittelalter befand sich das Dorf hauptsächlich im Besitze der

frohburgischen Herrschaft Waldenburg, aber es gab im Dorfbanne auch Güter der Ramsteiner und des Klosters Schöntal. Im Jahre 1400 erfolgte der Übergang an die Stadt Basel und die Einverleibung ins Waldenburgeramt; heute im Bezirk Waldenburg. Das Bergdorf besitzt eine enge Beziehung zur Talsiedlung Reigoldswil, obwohl es zu Bretzwil kirchgenössig ist.

Von der Kreuzung der drei Strassen durch die «Vorstet» nach Süden, am Feuerweiher (1904 auch mit neuer Wasserversorgung erhalten geblieben) vorbei, zum Nebenhof Unterer St. Romai. Links der markante Hügel mit P. 683,1. Hier stand das durch einen Brand im Jahre 1536 abgegangene Gotteshaus, welches dem St. Remigius geweiht war. Dazu gehörte das gleichnamige Kirchengut St. Romai (heute: Ob., Mittl. und Unt. St. Romai). Die Hofgüter befinden sich in einer Mulde mit weichen Erdschichten: untere Keuper, bewaldete Liaskante (unt. Jura), darüber Opalinustone des mittl. Juras. Den Abschluss bildet der markante Bergsattel der Ulmethöchi, welcher geologisch den Scheitel eines aufgebrochenen Gewölbes darstellt (Sattelhöhen: Dogger). Der folgende Teil der Route bietet eine geologische Wanderung vom unteren, zum mittleren, oberen Jura und bis zur Tertiärmulde von Bürten.

Von der Unt. Romaiweid nach dem Weidstall führt uns ein steiler Aufstieg zur Martisweid, wo wir einen reizvollen Ausblick geniessen. Im Osten: Kettenjura, Überschiebungszone und der nach Süden einfallende Tafeljura, gegen Norden: Schwarzwald (Feldberg, Belchen, Blauen). Frenkenplateau mit Chastelenflue und Talkessel von Reigoldswil; gegen Westen: Ulmetsattel, St.-Romai-Höfe und Lauwilberg. Auf der alten Zufahrtsstrasse zur Bürten, heute nur Wanderweg, gelangen wir über den Bürtenstutz zum Jurahof Bürten (Vord. Bürten), nördlich der Hofsiedlung zur alten Bürten (Hint. Bürten).

Lauwil und das Gebiet von St. Romai und Geitenberg

Der alte Bürtenhof: typisches Hochjurahaus mit giebelseitigem Eingang. Der Eingang wurde erst bei einem Umbau 1939 mit einem Rundbogen versehen.

Alte Bürten (992,2 m): typisches Hochjurahaus (Sennhof) im Kantonsgebiet Baselland mit giebelständigem Eingang. Da ursprünglich nur im Sommer bewohnt, genügten eine Stube, eine Küche (Käsezubereitung) und zwei Keller (Milch und Käse), im ersten Stock einfache Schlafkammern. Nach dem Umbau von 1939 (Landi-Heimatstil, z. B. Rundbogen-Eingang) wurde die Küche zur Schlafstube und der Milchkeller zur Küche. Die übrigen Alphöfe der Region haben sich als Folge der Dauerbesiedlung (seit dem 17. Jh.) und der Intensivierung der Alpwirtschaft in Richtung der Baselbieter Vielzweckbauten entwickelt. Bis in die zweite Hälfte des 18. Jh. gehörte Bürten als «Sommerweyd» zum Nebenhof Bütschen in Reigoldswil. Die Erhaltung des Baudenkmales ist dem Umstand zu verdanken, dass der Besitzer von 1929 östlich des Gebäudes auf Reigoldswiler Boden eine Neusiedlung errichten liess und das alte Haus auf Lauwilerboden als Ferienhaus benutzte. Die Alphöfe des Kettenjuras (alle über 700 m) gehören zu den ältesten Betrieben. Die Weidegebiete sind abgegrenzt (oft noch Lebhäge) und besitzen z. T. Weideställe oder Weidescheunen (Hitze, schlechtes Wetter). Im Baselbiet finden sich dauerbesiedelte alte Weidebetriebe in Bretzwil, Eptingen, Langenbruck, Läufelfingen, Lauwil, Reigoldswil und Waldenburg. Weidebetriebe ohne Dauersiedlung kennen dagegen die Gemeinden Bennwil, Liedertswil, Oberdorf, Oltingen und Zeglingen.

Vom Bürtenhof steigen wir hinauf zum Grauboden (Untergrund wie Bürtenmulde: Tertiär, Süsswassermolasse) und durch den Wald zum Felseinschnitt Chatzensteg oder Jägerlücke (Sequanrippe) zum Vogelberg.

Vogelberg (1105 m): Die Alp liegt in einer Mulde zwischen Schattberg und Passwang. Geologisch ist sie durch die weichen Schichten des Argovien zwischen dem Sequan des Schattberggrates und dem Hauptrogenstein des Nordschenkels der Passwangkette bedingt. Drei bekannte Höhlen in der Schattbergkrete und eine Kette von z. T. durch Lesesteine aufgefüllten Einsturztrichtern (Dolinen) weisen auf Karsterscheinungen (bedeckter Karst). Der Vogelberg ist der höchstgelegene Ein-

Blick auf Bürten

zelhof im Kanton Basel-Landschaft. 1541 wurde er von Basel an Uli Vögelin als Erblehen vergeben. Zunächst trug die Alp den Namen Oberbürten. Kurz vor 1541 «Sennschür» mit bescheidener Sommerwohnung, nach 1760 Verlegung der Siedlung von der Vogelberghöchi zum heutigen Standort (Brand, Wassermangel?). Ab 1919 Dauersiedlung, Neubau nach Brand von 1951 durch die Familienstiftung Vögelin, seit 1971 wieder periodisch bewohnt (Viehsömmerung, getrennt von Touristenzentrum).

Wir steigen über den Nordschenkel der Passwangkette auf die nach Süden abfallende Krete. Das Gewölbe ist in der Limmernmulde bis auf die Trias ausgeräumt.

Passwang (1204,1 m): Dialektisch Baschwang oder Barschwang; -schwand, -schwang von schwinden, Schwund, d. h. Schwinden des Waldes, Rodung. Bestimmungswort Bar-, Ba-, bedeutet bar ((wie in barfuss): der zusammengesetzte Flurname somit «kahle Rodung» oder «Kahlschlag» (hat mit Pass nichts zu tun!). Der höchste Punkt bietet wegen den stark gewachsenen Bäumen keine optimale Aussicht mehr. Die Krete östlich des Gipfels hat noch wenige Aussichtspunkte mit einzigartigem Panorama. Bei klarer Sicht kann man den Alpenbogen zwischen Bayrischen und Savoyer Alpen, die Vogesen und den Schwarzwald sowie im Westen, Norden und Osten den Jura bewundern.

Wir folgen dem markierten Kretenweg gegen Osten zu P. 1013 und zur Passhöhe Wasserfalle (1005 m).

Der Passwang bietet eine einzigartige Aussicht.

Die Bergwirtschaft Vogelberg

Übergang Wasserfalle: Die tiefste Stelle des Nordschenkels der Passwangkette, zwischen Vogelberg und Hinteri Egg, das junge Tal der Hinteren Frenke im Norden und im Süden jenes des Limmernbaches ermöglichten hier schon in ältesten Zeiten die Juraüberquerung. Der steile Nordanstieg des Passes erlaubte allerding nur einen Saumpfad.

Um 1500 befand sich auf der Passhöhe ein Bildstock, später eine Wegkapelle mit Schindeldach, seit 1937 ist es ein Natursteinbau mit neuer Rochus-Statue. Der hl. Rochus gilt als einer der 14 Nothelfer und ist ein Schutzpatron gegen Pest und Viehseuchen (Passlandschaft mit Alpwirtschaft). Dargestellt als Pilger, zeigt er eine Pestbeule am Oberschenkel, und ein Hündchen trägt ihm Brot zu.

Auf dem aussichtsreichen Kretenweg steigen wir gegen Osten an und lassen die Abzweigung zum Chellenchöpfli links liegen. Wir schlagen auf gleicher Höhe den wenig begangenen Weidepfad «underim Chellechöpfli dure» ein. Beim Weidestall der «Wasserfallenweid» überwinden wir eine kurze Steigung, traversieren dann der Länge nach die Weide und überqueren die bewaldete Hauptrogensteinrippe, vorbei an der Stallscheune auf der Chellenbergweid, über Ischlag und Einschnitt zwischen Hint. und Vord. Egg zur Waldweide.

Vorderi Egg (1077,6 m). Hier befand sich im 17. und 18. Jh. eine Hochwacht. Das Fundament des Wachthauses besteht aus dem hier anstehenden Hauptrogenstein und wurde 1971 freigelegt, restauriert und die Umgebung instand gestellt. Eine «Hochwacht» ist ein in der Landschaft von weither sichtbarer Punkt, wo bei Kriegsgefahr Wache gehalten und Feuer- oder Rauchsignale beobachtet und gegeben wurden.

Waldweide (1014,2 m): Die flache Mulde ist geologisch geprägt durch die untere Süsswassermolasse und den unteren Süsswasserkalk. Die Hochfläche diente im ausgehenden Mittelalter als Witweide (aufgelockerter Wald als Weide, Waldweide) für die Viehherde des Städtchens Waldenburg. 1820 wurde durch die Bürgergemeinde eine grosse Viehhütte errichtet; vorher zogen die Bauern täglich zum Melker auf die Waldweide. 1845 erfolgte die Aufteilung der Weide in einzelne Parzellen und eine Nutzung durch die Bürger als Kulturland. 1898 war nur noch ein Drittel der Fläche bebaut und der Rest verwildert durch aufkommende Sträucher und Bäume. Darum erfolgte damals der Beschluss der Bürger, das Weideareal zu säubern und für Jungvieh instand zu stellen.

Der Betrieb wird von der Bürgergemeinde mit einer Waldweidkommission geführt, 1904 wurde die armselige Hirtenunterkunft erweitert, 1934 erfolgten weitere Umbauten und 1949 Elektrifizierung des Hofes. 1922 baute der Skiklub Basel in der Nähe eine Hütte. Die Fläche von 30 ha dient der Weidewirtschaft (Lohnvieh) des Landwirtschaftsbetriebes der Hirtenfamilie, daneben Tourismus im Sommer und Winter (Alpensicht, Ausgangspunkt für Skiwanderungen).

Abstieg über P. 961.5 und P. 907 Studenweid, durch den Wald westlich Studenflüe dem Bach entlang zur Tschoppenhöfer Weid mit dem Weidestall der Bürgergemeinde Liedertswil, dann weiter zum P. 703.7 im Dünnlenberg, Strassenkreuzung P. 661, entlang dem Waldweg Schuflenberg über den Neuhof zurück nach Reigoldswil (509 m): Stattliches Bach- und Strassenzeilendorf am Fusse der Passwangkette, wo das Quertal der Hintern Frenke von einem Schenkeltal gekreuzt wird und für die Siedlung in der Talweite genügend Raum vorhanden ist. Langgestreckter Gemeindebann (Fläche 9,25 km^2), der in der Passwangkette wurzelt und sich nach Norden bis halbwegs Ziefen ausdehnt. 40% Wald (viele Neuaufforstungen), 10% Gemeindeland, früher Allmend, heute zum grossen Teil an Einzelhöfe verpachtet.

Siedlungsgeschichte: Steinzeitliche Streufunde, Flurnamen und Funde aus der Römerzeit: Strassenkörper unterhalb Reigoldswil, Münzen, Graburne, Flurnamen (z. B. Gempis aus campus, campis). Im 7. und 8. Jh. Landnahme durch die Alemannen, die mit romanisierten Kelten noch zusammenlebten. Unter fränkischer Herrschaft Einführung des Christentums: Die Kirchenpatrone St. Remigius (Kirche Lauwil/Reigoldswil) und St. Hilarius («Chilchli») sind fränkische Heilige; auch der Ortsname Reigoldswil dürfte auf einen fränkischen Vornamen zurückgehen (Rigolt, Rigoltswilare). Die heutige Dorfkirche wurde nach dem Brande der St.-Remigius-Kirche (St. Romai) in Lauwil 1562 als reformiertes Gotteshaus gebaut. Zur Feudalzeit Höhenburg Rifenstein (13. Jh.) und Weiherhaus Reigoldswil (Weiermatt), beides mittelalterliche Wehrbauten frohburgischer Dienstmannen. Die heutige Siedlung geht weitgehend auf die alemannischen Bewohner zurück, die in verschiedenen Sippensiedlungen, von denen die Begräbnisplätze festgestellt wurden, gewohnt haben.

Wirtschaft: Wirtschaftliche Einheit des Gemeindebannes im Mittelalter, drei Zelgen (Felder) mit Winterfrucht, Sommer-

Kaskaden unterhalb der Waldweide

frucht (Hafer) und Brache, Matten längs der Wasserläufe, Bünten (Pflanzgärten), grosse Allmend (Weide), Wald. Dorf von einem Hag (Etter) umgeben, dessen Verlauf teilweise festzustellen ist. Drei alte Höfe (Bütschen, Gorisen und Marchmatt) an den Aussenseiten des Bannes. Hohes Alter dieser Einzelsiedlungen mit eigener Dreifelderwirtschaft. Im 18. und 19. Jh. Ende der Dreifelderwirtschaft (Einführung der Kartoffel). Allmend parzelliert, je Bürgerhaushalt 2 Weidteile zu 18 a zur Pacht, Flurzwang aufgehoben. Die Höfe wuchsen von 3 auf 29 an. Seit dem 18. Jh. Heimindustrie (Bandweberei), um 1870 Bevölkerungsmaximum (1409 Einwohner in ca. 160 Wohnhäusern). Damals vorwiegend Kleinbauern und Posamenter, 1915 Höchstzahl von 360 Webstühlen, während des 1. Weltkrieges Rückgang der Heimindustrie (heute kein Webstuhl mehr). Umstellung der Heimarbeiter: zuerst Arbeitsbeschaffung durch Strassenbau, dann bodengebundene Gewerbe und Uhrenindustrie. Mit dem Rückgang der Uhrenindustrie in der zweiten Hälfte des 20. Jh. Wechsel zu Feinmechanik und Elektronik (heute keine Uhrenindustrie mehr). Starke Pendelwanderung zu Arbeitsplätzen im Waldenburger, Reigoldswiler- und Ergolztal.

Typus des Bauernhauses: Quergeteilter Vielzweckbau mit Wohnteil (Stube, Küche, Kammer), Tenn und Stall. In Häusern mit grossem Wohnteil und kleinem Ökonomieteil wurde vorherrschend Seidenbandweberei betrieben; ist das Verhältnis der Gebäudekuben umgekehrt, handelt es sich um vorwiegend landwirtschaftsorientierte Betriebe. Die wirtschaftlichen Wechsel im Dorf haben auch in den Gebäuden ihren Nieder-

Typische Bauern- und Posamenterhäuser in Reigoldswil, Oberbiel

schlag gefunden. Bauliche Schönheiten und lauschige Winkel laden zu einer Besichtigung ein (vor allem die Seitengassen).

Verkehrsgeographisches: Lage des Dorfes am Fusse des Wasserfallenpasses. Wasserfallenbahn 1874/75 angefangen, durch Centralbahn Fertigstellung verunmöglicht. 1950–55 Projekt einer Autobahn, 1956 Wasserfallen-Luftseilbahn verwirklicht. Autobus nach Liestal seit 1904, seither ständiger Ausbau der Linie; Kurse ins Waldenburger Tal und nach den Nebengemeinden Bretzwil und Lauwil seit 1945.

Variante 1 zur Rundwanderung über Passwang und Wasserfallen: Zur Ruine Ramstein

Route: Lauwil (633 m) – Langacher – Chrummen (706 m) – Ramstein P. 746 – Ruine Ramstein (849,7 m) – Aleten (922 m) – Stierenberg (953 m) – Ulmethöchi (973 m) – Geiten – Grauboden (1059 m)

Marschzeit: 2 Stunden

Beschreibung: Von der Strassenkreuzung P. 633 in Lauwil das ansteigende Strässchen nach Westen einschlagen, vorbei am alten Schulhaus, Rüchi 2 (Fenster 1. Stock verspäteter Barock, Sonnenuhr mit Jahrzahl 1826); im 18. und 19. Jh. Schulhaus, nachher Posamenterhaus. 1980 wurde zwischen den Füllungen der Haustüre ein Brief von 1848 entdeckt, darin findet sich eine Schilderung des Gemeindepräsidenten über die Hungerjahre 1845–1847 (wegen Kartoffelkrankheit). Dorfnahe, kleine ehemalige Posamenterhöfe mit Baumgärten (Rüchi, Hollen, Ränniken und Langacher), weiter entlang dem Lauwiler Kirchweg (Lauwil bildet mit Bretzwil eine Pfarrei) zum Hof Chrummen (706 m) im Gemeindebann Bretzwil. Das Anwesen war früher die Sennerei mit Sommerweide des Bretzwiler Hofes Eichmatt (18. Jh.), bis 1860 Basler Herrenhof, seit 1810 Dauersiedlung und Übergang zu Betrieb mit Weidewirtschaft, Acker- und Obstbau.

Danach Aufstieg aus der Keupermulde über die z. T. bewaldete Muschelkalkrippe zum Hof Ramstein. Der lebendige Untergrund aus dem Lias (Opalinuston und Gehängeschutt der Aleten) prägt mit Rutschungen, Sackungen, und Quellen die Detaillandschaft beidseits des Weges. Die Weide- und Kulturlandflächen entsprechen weitgehend dem 12. Jh. mit der Burg entstandenen Schlossgut. In der 2. Hälfte des 18. Jh. befand sich die Hofsiedlung noch südlich des Burgfelsens und nur zwei Nebengebäude an Stelle des 1908 mit Abbruchmaterial der Burg erbauten heutigen Nebenhofes.

Nach dem Hofe Aufstieg zur alten Burgstelle Ramstein (849,7 m). Ruine Ramstein: Der Bau der Burg erfolgte durch die Herren von Brislach, Dienstmannen der Herzöge von Zähringen und, nach deren Aussterben, der Grafen von

Emanuel Büchel: Schloss Ramstein. Zeichnung, um 1750

Kyburg auf bischöflichem Boden. Nach dem Bau der Burg nahmen sie deren Namen an. Zur Herrschaft der Ramsteiner gehörten die vom Bischof von Basel zu Lehen gegebenen Ortschaften Bretzwil, Gilgenberg, Nunningen, Meltingen, Zullwil und Zwingen. Wegen Missheirat sank der eine Zweig der Ramsteiner bald in den Stand der Edelknechte. Diese bewohnten den niederen und die Edelherren den oberen Burgteil (das Ritterhaus). Nachdem die Ramsteiner bei einem Streit zwischen Basel und Habsburg zu den letzteren gehalten hatten, zerstörten sie die Stadt und der Bischof 1303 die Burg. Während des Wiederaufbaues errichteten die Ramsteiner Freiherren auch die Burg Gilgenberg; sie bewohnten aber vorwiegend das Wasserschloss Zwingen.

Zur Herrschaft Ramstein (Edelknechte) gehörten: die halbe untere Burg Ramstein mit Burgbann, das Dorf Bretzwil mit allen Rechten sowie viele Güter in den benachbarten Gemeinden.

Die Herrschaft Gilgenberg (Freiherren) umfasste die Lehen: Ritterhaus Ramstein, Burg Gilgenberg, Nunningen, Zullwil, Meltingen und Fehren.

1459 starb die freiherrliche Linie aus und die Edelknechte bewohnten nun die ganze Burg Ramstein (Zwingen an Bischof von Basel zurück, Gilgenberg und «Geissvogtei» an Solothurn). 1499 Besetzung der Burg durch Solothurn, nach Friedensschluss zurück an die Ramsteiner. 1518 verkaufte der letzte Edelknecht die Burg und Bretzwil an die Stadt Basel (Verbriefung erst 1523 nach Einwilligung des Bischofs). Zwischen 1523 und 1668 verwalteten 16 Landvögte nacheinander die kleine und arme Vogtei Ramstein. 1668–1673 dem Amt Liestal unterstellt, wurde Ramstein 1673 der Vogtei Waldenburg einverleibt. Schon 1668 verliess der letzte Vogt das Schloss, nachher wohnten Bürger und Untertanen gegen jährlichen Zins auf der Burg. Trotz Renovationsarbeiten war die Burg in schlechtem Zustand und in zunehmendem Zerfall. Im Teuerungsjahr 1770 wurde der Turm des Ritterhauses abgebrochen, um armen Bretzwilern Verdienst zu schaffen. Ab 1808 fanden die Gemäuer als «Steinbruch» für Hofbau und Häuser in Bretzwil Verwendung. Die Anlage ist 1798–1833 im Besitze des Deputatenamtes Basel und nach der Kantonstrennung bis 1849 im Eigentum des Kirchen- und Schulgutes Baselland, seither durch Verkauf in Privatbesitz. Dies ist auch der Grund, weshalb Ramstein nie durch eine Grabung erforscht und anschliessend restauriert werden konnte. Der Aufstieg zur Ruine lohnt sich trotzdem, vor allem nach dem Laubfall bietet sich vom Burgfelsen ein reizvoller Ausblick in die nähere Umgebung. Beachtenswert ist die runde Zisterne im Fels (Hauptrogenstein), in welcher das Dachwasser bei Niederschlägen gesammelt wurde.

Nach dem Abstieg vom Schlossfelsen folgen wir weiter auf dem Weg, an dem z.T. schöne Spitzahornbäume stehen, zur Aleten. Vor dem Waldeingang lohnt sich eine kurze geologische Betrachtung: Der aus Hauptrogenstein bestehende Schlossberg wurde infolge einer Absenkung (S–N verlaufende Störungen, zwischen welchen die Heidenstatt – P. 977.6 und P. 998, und der Schlossberg liegt) nach Norden gegen den Muschelkalk der Hollen verschoben.

Aufstieg durch den Wald zur Aleten, links am Wege, unter dem Weidestall, ein S–N verlaufendes Felsband; es handelt sich um eine weitere Verwerfungskante (Absenkung zwischen Aletenchopf und Aletenflue ca. 30 m). Aufstieg zur Weidehütte und weiter über die Weide nach Westen zum Stierenberg. Wie der Muldenkern der Aleten, so ist auch der Stierenberg mit Variansschichten bedeckt. Aletenchopf, Riedberg und Emmenegg sind aus Hauptrogenstein, während die Heidenstatt (Absenkung) dazwischen aus Argovien, von Sequan überlagert, besteht.

Stierenberg (953 m): Bei diesem, der Bürgergemeinde Bretzwil gehörenden Weidebetrieb sollen die heutigen Verhältnisse dargestellt werden. Der Hirt der Stierenbergweide wird von der Bürgergemeinde durch Urnenabstimmung auf vier Jahre gewählt. Das Reglement von 1964 beschreibt die Rechte und Pflichten des Angestellten. Hauptaufgaben sind die Betreuung und Pflege der ihm anvertrauten Sömmerungstiere (Rinder, Fohlen und Ponies). Die Sömmerungsdauer richtet sich nach den jährlichen Wetterverhältnissen (Rinder 100–110 Tage, Fohlen 120–130 Tage). Der Hirt bezieht ein festes Jahresgehalt (1976: Fr. 6 600.–, welches, wie bei allen Gemeindeangestellten, der jeweiligen Teuerung angepasst wird); Weihnachtsgeld Fr. 600.– und von den Viehbesitzern Fr. 7.– oder 8.– Trinkgeld pro gesömmertes Rind, Fr. 10.– oder 12.– für ein Fohlen. Die Hirtenwohnung wird zinsfrei überlassen, weiter darf der Hirte 12 Ster Brennholz schlagen. Er hat ferner das Recht, 3 Kühe,

3 Rinder, 2 Mastschweine, 2 Ferkel und 25 Hühner zu halten sowie ca. 1,5 ha Land bei der Wohnung zu nutzen.

Aufgefahren wird je nach Vegetationsstand in der zweiten Hälfte Mai (zuerst Fohlen, eine Woche später die Rinder). Der Abtrieb erfolgt in umgekehrter Reihenfolge im September. Die Tiere werden heute vorwiegend mit Motorfahrzeugen transportiert. Für ein Rind bezahlt der Besitzer der Bürgergemeinde um Fr. 150.–, pro Fohlen Fr. 240 – bis Fr. 360.– (je nach Alter); die Weide wird mit 60 bis 90 Rindern und mit ca. 20 Fohlen bestossen. Nummernschilder an den Glockenriemen sowie Ohrmarken bei den Rindern, eingebrannte Nummern auf einem Huf bei Fohlen dienen als Kennzeichen. Besitzer und Kennzeichen werden im Weidrodel eingetragen.

Vom Weidestall über Weide nach Südosten, östlich vorbei an P. 1040 über Zaunleiter («Ulmetgatter»), Hang mit Kuhwegen schräg abwärts nach Osten queren und weiter zum Sattel.

Ulmethöchi (973 m): Aussicht gegen Osten: Kettenjura (Martisweid, Bürten, Hinteri Egg), Überschiebungszone (Sigsfeld, Baberten, Chasteienflue); gegen Westen: Solothurner Kettenjura. Der Übergang von Lauwil über das Bogental ins Tal der Lüssel (Beinwil, Dialekt: Beibel, an der Passwangstrasse) trägt den Namen nach dem 1500 erstmals erwähnten Sennhof Ulmet (500 m westlich vom Sattel). Ursprünglich drei Sommerweiden im Besitze finanzkräftiger Basler, Mitte 18. Jh. besass das Bürgerspital Basel eine der drei Alpen, heute sind alle drei Güter vereint und bis letztes Jahr Teil des Spitalgutes. Im Sommer 1997 haben zwei Söhne aus der vierten Pächtergeneration das Hofgut käuflich erworben. Seit 1962 wird auf der Ulmethöchi jeweils in den Herbstferien eine Vogelbeobachtungs- und Beringungsstation unterhalten. Der markante Sattel gilt bei den Ornithologen als besonders günstige Stelle für das Studium der Vogelbewegung (Schmalfrontzug) im Herbst.

Blick vom Passwang gegen Geitenberg und Chesweg

Dem Wanderweg nach Süden folgen: über Hundsmattrücken, Chesweg bis zur Wasserscheide (Birs/Ergolz) östlich Geitenberg. Im Gebiete westlich des Weges («Geitenarm») wurde im September 1798 von drei Lauwilern mit Hilfe von 13 Treibern der letzte Bär erlegt. Die Stadt bezahlte ein Schussgeld, weil das Tier einige Schafe und Rinder gerissen hatte.

Nach knapp 500 m liegt links des Weges die Hochwacht von Lauwil (östlich der Jagdhütte). Hier wurde von Basel 1832 ein mit starker Wache versehenes Signal eingerichtet, um den stadttreuen Gemeinden im Hinterland rasch Hilfe zu bringen. In der Nacht vom 1. zum 2. August 1833 brannte das Feuer vergebens, da vom Münsterturm aus keine Sicht war; eine Wiederholung in der Frühe des 3. August war das zweite und letzte Signal. Nach wenigen Minuten erreichen wir den auf gleicher Höhe gelegenen P. 1059.7 (Grauboden), wo wir Anschluss an den Rundwanderweg über Passwang und Wasserfalle haben.

Variante 2 zur Rundwanderung über Passwang und Wasserfalle

Route: Reigoldswil–Neumatt–Grien–Balsberg–Eich (685 m)–Ramstein P. 746

Marschzeit: 1 Stunde

Beschreibung: Vom Schulhaus Reigoldswil folgen wir dem Chläberenweg und steigen an zum Richtenberg und zur Neumatt; dann weiter durch die Mulde der Nebenhöfe Seilern, Zapfholderen und Grien. Schöne Hoflandschaft mit hausnahen Baumgärten (Kirschen vorherrschend), Wiesen und Wechselweiden für Milchwirtschaft, an geeigneten Lagen

Hoflandschaft westlich von Reigoldswil

Von Eich hat man einen schönen Blick gegen die Talweite von Reigoldswil und zum Bergdorf Titterten.

(Mechanisierung) Ackerbau (Mais, Getreide, Kartoffeln). Nördlich Grien (Gehängeschutt) vorbei zu P. 618, von hier folgen wir dem Wanderweg bis Eich P. 685. Schöner Aussichtspunkt: im Osten: Wasserfallengebiet, Bergdorf Titterten und Talweite von Reigoldswil; im Westen: Bretzwil, Ramstein und Solothurner Jura. Balsberg und Brand sind überschobene Hauptrogensteinschichten des Kettenjuras. Vom Parkplatz nach Süden und den Weg rechts einschlagen, Aufstieg zu P. 746 (Ramstein), wo Anschluss an die Hauptroute besteht.

Frühling auf Wasserfallen

Variante 3 zur Rundwanderung über Passwang und Wasserfalle

Peter Suter: Bürten im Winter. Zeichnung. 1995

Route: Bürten (992 m)–Huerewägli–Hintere Wasserfallen

Marschzeit: ½ Stunde

Beschreibung: Von der Bürtenstrasse östlich der Hofsiedlung geradeaus, beim Freilaufstall in der Gehängeschuttgrube nach Osten. Auf mittelalterliche Holzkohlemeiler wiesen in diesem Gebiet die dünnen Holzkohleschichten am Wegbord und die schwarzen Mäusehaufen. Die tiefe Mulde unterhalb des Weges trägt bezeichnenderweise den Flurnamen Cholloch. Der Weg führt in den Wald Schattberg und verengt sich vor dem Anstieg über die Sequanrippe zum Fusspfad. Die Verbindung von der Bürten zur Hinteren Wasserfalle wurde 1622 vom solothurnischen Lehenmann auf der Hinteren Wasserfalle angelegt, um den Basler Zoll beim Chilchli in Reigoldswil zu umgehen. Der Pfad trägt noch heute den Namen «Huerewägli», wegen den durch den Schmuggel entstandenen Streitigkeiten zwischen Basel und Solothurn. Der Schleichweg diente dem «zollfreien Grenzverkehr» vom solothurnischen Schwarzbubenland über den Holzenberg (ein Fussweglein im Ziefner Holzenberg trägt ebenfalls heute noch den Namen «Kunterbandenwägli», contrebande = Schmuggel, Schleichhandel), Bürten zum Wasserfallenübergang. Auf dem Schmuggelpfad des 17. Jh. gelangt man über die Kantonsgrenze mitten im Chleiweidli (der Lebhag ist Kantonsgrenze) zur Passwangkrete und findet Anschluss an den Wanderweg.

Paul Suter

Durch das Schelmenloch über die Waldweide nach Waldenburg

Route: Reigoldswil (509 m) – Chilchli (546 m) – Vogelmatt (565 m) – Schelmenloch – Vordere Wasserfallen – Hinteri Egg (1169 m; Chellenchöpfli 1157 m) – Waldweide (1014 m) – Studenweid – Gagsen – P. 799,7 – Richtiflue (685, 9 m) – Waldenburg, Bahnhof (515 m)

Marschzeit: 4 bis 5 Stunden

Beschreibung: Vom Dorfplatz Reigoldswil (509 m) nach Süden zum Ortsteil Mittelbiel (Biel, Bühl = Hügel), wo sich am steilen Anstieg links die frühern beiden Mühlen befinden, welche das Gefälle der Hinteren Frenke für ihre Wasserräder ausnützten. Rechts steht das spätbarocke Pfarrhaus aus dem Jahre 1765. Weiter nach Süden auf dem flachen Talboden des Oberbiels, an der Säge vorbei, links jenseits des Baches das alte Taunerquartier im «Chatzental» (abschätzige Bezeichnung, kleine Häuser, Ziegenställe), entlang der Strasse grosse Posamenterhäuser mit kleinem Ökonomieteil. Beim regionalen Altersheim mündet das Emlistälchen (Schenkeltal, früher Müli-

Peter Birmann: «a Raydoltschwyl». Pfarrhaus und Bauernhäuser am Weg gegen die Wasserfallen. Federumrissene Sepialavierung, um 1800

tal), welches in den St. Romaibergen wurzelt; der Kern der alten Häusergruppe rechts ist auf das frühere Senngut (Gempisgut), das Ende des 17. Jh. entstand und Mitte 19. Jh. aufgeteilt wurde, zurückzuführen. Zum Gute gehörten: Herrenhaus (heute Wirtschaft), Pächterwohnung, Mühle, Käsekeller, verschiedene Ökonomiegebäude und eine grosse Kulturlandfläche (meistens Weide) zwischen Reigoldswil und Lauwil in Randlage. Wir folgen weiter der Hinteren Frenke, wo wir vor uns den fast unüberwindbaren Abschluss des Talkessels sehen; der Einschnitt der Hinteren Wasserfalle tritt nur wenig markant hervor. Der verkehrsfeindliche Eindruck verstärkt sich bei jedem Schritt nach Süden: Darum ist schliesslich der Wasserfallenübergang lediglich ein Saumpfad geblieben. Erst die Entwicklung der Eisenbahnen, der Bahnbautechnik und des Tunnelbaues in der zweiten Hälfte des 19. Jh. brachten eine Möglichkeit, die kurze und günstige Verbindung zwischen Basel und Bern, durch das Reigoldswilertal nach Mümliswil, für den Verkehr zu erschliessen.

Beim Parkplatz der Gondelbahn ist der Moment für einen kurzen verkehrsgeographischen Überblick: Der Wasserfallenübergang diente über Jahrhunderte als Fussgänger- und Saumpfad dem Lokal-und Marktverkehr, aber auch dem Fernverkehr kam zeitweise grössere Bedeutung zu.

Der Kirchturm von Reigoldswil

1405–1800	Zolleinnahmen der Zollstation beim Chilchli erwähnt. Der Posten wurde von der Stadt Basel unterhalten.
1622	Erstellung des Huerewäglis durch den solothurnischen Lehenmann auf der Hintern Wasserfallen, um den Basler Zoll beim Chilchli zu umgehen. Der Rat von Basel beschloss, den Weg zu zerstören (was offenbar nicht erfolgte).
1850	Die beiden Engländer, Robert Stephenson (Sohn von Georg Stephenson, «Vater der Eisenbahnen») und H. Swinburne, arbeiten für den Schweizerischen Bundesrat Bahnprojekt aus. Dreiecksverbindung: Basel–Passwang (Wasserfallen) – Bern – Zürich – Bözberg – Basel. Die schweizerische Bahnpolitik verunmöglichte aber das Projekt.
1872	Schweizerische Central-Bahn (SCB) setzt Wasserfallenbahn auf ihr Bauprogramm.
1874–1875	Bauarbeiten an der Wasserfallenbahn: Vortunnel bei der heutigen Gondelbahnstation, Luftschacht im Eiset, Schacht beim geplanten Hauptportal «in der Hand» mit Horizontalstollen, Südportal bei Mümliswil. Ausser vielen Einheimischen arbeiten Tessiner, Deutsche, Italiener und Tiroler am grossen Werk. 13 Wirtschaften nebst Kostgängereien und Kaufläden schossen in Reigoldswil wie Pilze aus dem Boden. Die deutsche Baufirma (Schneider, Münch und Jerschke) gerät in Kon-

	kurs, Einstellung der Arbeiten (Folgen: Krawalle mit Schiessereien in Reigoldswil, Demonstrationen in Liestal, Polizei- und Militäreinsätze). 1875 Eröffnung der Bözbergbahn, die Arbeiten werden nicht mehr aufgenommen.
1898–1910	scheitern mehrere Vorstösse zum Weiterbau der Wasserfallenbahn.
1950–1955	Projekt einer Autobahn durch die Wasserfalle.
1956	Gondelbahn Reigoldswil–Wasserfallen wird verwirklicht.
Heute:	Wander-, Erholungs-, Ski- und Schlittelgebiet der Region Basel.

Noch sichtbare Spuren des Bahnbaues: Flacher Talboden nördlich des Parkplatzes trägt den Flurnamen «Planie», die Ebene wurde künstlich mit Aushubmaterial aufgeschüttet; weitere Ablagerungen rechts der Frenke auf gleicher Höhe. Vortunnel von ca. 60 m Länge (ursprünglich Einschnitt vorgesehen) bei der Gondelbahnstation im Muschelkalk, Quellaustritt im hintern Teil des Stollens setzt Stollensohle bis zu 1 m unter Wasser und hat seinerzeit die Bauarbeiten gewaltig erschwert.

Von der Talstation der Gondelbahn das Strässchen entlang dem Bach einschlagen. Links ist ein Steinbruch, wo Hauptmuschelkalk, Nodosus- und Trochitenkalk abgebaut wird. Davor steht das altertümliche Gebäude «Ziegelhütte». Die Ziegelei spielte beim Wechsel vom Holz- zum Steinbau eine grosse Rolle, weil damit von der Obrigkeit der Übergang von Weichdach (Stroh, Schindeln) zum Hartdach (Ziegel) angeordnet wurde. Rechts das sogenannte. Chilchli mit Stützmauer und Bauinschrift, erstere wurde im 19. Jh. bei Umbauarbeiten zur Verstärkung des Giebels angebracht.

Kalksteinbruch und die alte Ziegelhütte in der Nähe des Chilchli

Chilchli (546 m): Die St.-Hilanus-Kirche entstand wahrscheinlich im 7./8. Jh. (im 15. Jh. erstmals erwähnt) am alten Wasserfallenweg bei der Zollstation. Das Gebäude wurde mit

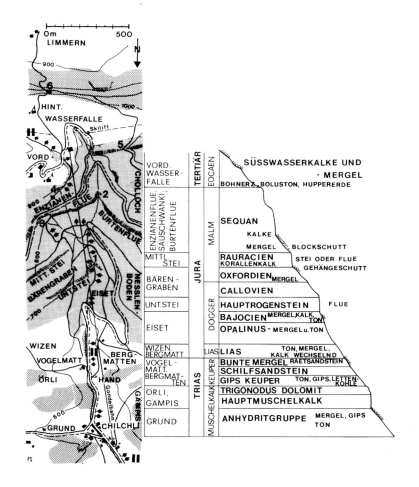

dem Kirchengut 1531 von Solothurn erworben, nach der Reformation aber keine Unterhaltsarbeiten mehr. Nach dem Brand des Gotteshauses St. Romai (1536) übernahm Basel 1540 das Gebäude und benützte es für den Gottesdienst bis zum Bau der heutigen Reigoldswiler Kirche (1562). Nachher diente das Chilchli dem Lehenmann des Kirchengutes als Scheune; um 1800 Verkauf an Private und Umbau zu Bauernhaus (ohne Dachreiter). 1970 rettete einer der beiden Besitzer den Dachreiter des Liedertswiler Schulhauses (Abbruch und Neubau) und liess ihn, ergänzt mit Schlaguhr und Läutwerk, an der gleichen Stelle auf dem Dach montieren, wie es eine Zeichnung von Emanuel Büchel 1756 im Bilde festhält. Der Hl. Hilanus (315–367) war 350 Bischof in Aquitanien, 355 bis 360 nach Kleinasien verbannt, lernte dort die griechische Theologie kennen, nach der Rückkehr Vermittler der griechischen

Aufstieg von Reigoldswil zur Wasserfalle (Pfeile). Mit Hilfe der angegebenen Flurnamen können die einzelnen Gesteinsschichten dem geologischen «Lehrpfad» zugeordnet werden.

Gedankenwelt an das Abendland. Attribute: Bischofstracht, Taube über sich, Schlange vertreibend.

Der Hügel südlich vom Chilchli und die Fortsetzung der Erhebung auf der anderen Bachseite gehören zu einer Überschiebung (Anhydrit auf Hauptmuschelkalk). Der alte Passweg verlief von der Vogelmatt weg bis zur Säuschwänki auf der östlichen Seite der Hinteren Frenke. Wir folgen einer Teilstrecke des 1975 eröffneten Rundwanderweges Schelmenloch–Jegerwägli. Die Strecke Chilchli–Wasserfalle bietet ein klassisches geologisches Profil von der Anhydritgruppe (Trias) bis hinauf zur unteren Süsswassermolasse des Tertiärs.

Im Talboden entlang der Hinteren Frenke durch die Keuper-Liasmulde der Vogelmatt und Stöckmatt im Osten und Bergmatten im Westen bis zur Abzweigung zum Schelmenloch, hier Waldpfad entlang dem Bache einschlagen. Links vom Wege verschiedene Quellfassungen, am Gegenhang ist die «Hungerquelle» (Karsterscheinung) bei grossen Niederschlägen deutlich sichtbar (beim ganzen Aufstieg sind verschiedene Quellformen zu beobachten). Am Fusse des Talabschlusses mit Wasserfall rechts im Hauptrogenstein ca. 8 m tiefer, mannshoher Stollen, das Waibelloch. Hier wollte der Mineraloge Waibel aus Basel um 1828 Steinkohle graben und zugleich einen Fussgängertunnel nach Mümliswil ausbauen. Vorgesehene Benützungsgebühr inkl. eine Kerze 1 Batzen: Wegen Geldmangels wurde die Arbeit aber bald eingestellt. Zur Zeit des Bahnbaues diente der mit einer Türe versehene Stollen als Sprengpulvermagazin.

Aufstieg über die vorbildlich angelegten Weganlagen in der Kerbe der immer noch rückwärtseinschneidenden Hinteren Frenke. Verschiedene Erosions- und Ablagerungsformen des Baches sind im Detail gut sichtbar. Optisch und akustisch wird auf diesem Teilstück der Flurname Wasserfalle erklärt. Bei der zweiten Waldwegkreuzung folgen wir demjenigen nach links und biegen bei der nächsten Abzweigung nach rechts ab. Danach Aufstieg, nun wieder auf dem alten Saumweg bis zum Strassentunnel bei der Säuschwänki. Der Name hängt mit dem früheren Weidebetrieb zusammen. Die Reigoldswiler Schweineherde wurde in dieses Gebiet zur «Acherig» (Weide der Buchnüsschen und Eicheln, bezeugt 1553 und 1722) gefahren. Das Suhlen der Borstentiere beim Auffangbecken des Wasserfalles (heute Strasse gleich nach dem Tunnelausgang im Süden) muss zu diesem Namen geführt haben. Nach dem Bau der Bürtenstrasse 1922/1924 wurde der Wasserfall nach Norden verlegt und über die Enzianflue geleitet. Kurzes Stück der Strasse folgen, erste Abzweigung nach links auf altem Saumpfad am Goldbrunnen vorbei (Quelle am Saumpfad, wurde 1902 von Titterten der Gemeinde Waldenburg abgekauft, gefasst und das Wasser mittels der 3,5 km langen Leitung zum Bergdorf geführt). Unterhalb des Hotels Wasserfalle treten wir auf die Weide und nach wenigen Minuten gelangen wir zur Fahrstrasse nördlich der Bergstation der Gondelbahn. Vor der

Peter Birmann: Staubbächli beim Schelmenloch. Aquarell, um 1800

Waldzunge Fusspfad nach rechts, entlang rechts dem Weidezaun Aufstieg am Südhang des Höhenzuges zwischen Vorderer und Hinterer Wasserfalle zum Chellenchöpfli und auf die Hinteri Egg.

Hinteri Egg (1169 m): Höchster Punkt des Kantons Baselland, vorgelagert Chellenchöpfli (1157 m), beide Höhen bieten schöne Aussicht. Im Süden das Quertal des Limmernbaches mit den Klusen St. Wolfgang und Balsthal (Oensingen), die Weissensteinkette, das Mittelland und die Gipfelflur der Ost- und Westalpen. Panoramatafel.

Im Osten Blick zu den Langenbrucker Sennbergen, zum Chilchzimmersattel und Belchen; im Westen Vogelberghöchi, Passwanggebiet und Hohe Winde. Abstieg dem Waldrand entlang zur Waldweide. Über P. 961.5, P. 907 Studenweid, Traverse des Sattels auf Gagsen nach Norden und erster Wanderweg-

Das Obere Tor von Waldenburg

Georg Friedrich Meyer: Waldenburg von der Richtiflue. 1: Kornhaus, 2: Unteres Tor, 3: Pfarrhaus, 4: Stadtmauer, 5: Oberes Tor, 6: Hauptstrasse, 7: Georgskapelle, 8: Gasse Nodleberg, 9/10: Wassertore, 11: Mühle mit Kanal, 12: obere Talsperre zum Schlossberg, 13: untere Talsperre zum Schlossberg, 14: Gasse, 15: Hintere Gasse, 16: Talsperre zur Richtiflue, 17: Vordere Frenke. Die Häuserzeilen am Fuss der Richtiflue verdeckt. Zeichnung von 1681.

abzweigung nach Waldenburg folgen. Vorbei an P. 905.7 über den Kretenweg der Richtiflue, absteigen zum ausgebauten Aussichtspunkt (685,9 m).

Richtiflue: Im Süden fällt der bewaldete, weite Einschnitt in der Passwangkette zwischen Helfenberg und Chräiegg (Fortsetzung im Dürstelberg) auf. Dank der verkehrsgünstigen Lage des Überganges (im Vergleich zur Wasserfalle) kommt dem Oberen Hauenstein bis heute eine gewisse Bedeutung zu. Die kleine Talweite südlich des Städtchens wird flankiert von der Vorderen Egg und dem Humbel. Die Fortsetzung der Richtiflue im Osten bildet die markante Krete von Schlossberg–Gerstelflue–Rehhag–Lauchflue. Im Norden die weite siedlungsfreundliche Mulde von Oberdorf, ein kleiner Teil des Tales der Vorderen Frenke mit der Kirche St. Peter, Häuser von Niederdorf zwischen Dielenberg und Dottlenberg (beide gehören zur Überschiebungsmasse auf die Juranagelfluhdecke des Tafeljuras). Den Abschluss bildet das Frenkenplateau bei der Obetsmatt und darüber der Schwarzwald mit dem Badischen Belchen (1414 m).

Von hier aus guter Blick auf das Städtchen Waldenburg.

Lage: Die Siedlung liegt in der Talenge zwischen Richtiflue und Schlossberg im Quertal der Vorderen Frenke; südlich der engsten Stelle münden die Schenkeltälchen des Gerstel – und des Wattelbaches. Der Gemeindebann reicht im Osten und im Westen weit in den Kettenjura (Humbel und Wasserfalle).

Stadtanlage: Eine Federzeichnung des Basler Lohnherrn Georg Friedrich Meyer, gezeichnet vom gleichen Standort auf der Richtiflue im Jahre 1681, erlaubt einen siedlungsgeographischen Vergleich zum heutigen Stadtbild.

Wirtschaftliche Entwicklung: Das mittelalterliche Waldenburg muss als Bauernstädtchen bezeichnet werden. Ursprünglich besassen viele Häuser Scheune und Stall. Vom 17./18. Jh.

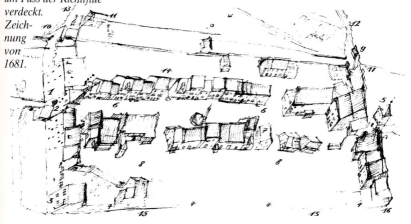

an, wurden die Ökonomiegebäude ausserhalb der Stadtmauer errichtet, in der Hintern Gasse oder Chüegass. Ackerbau für die Selbstversorgung, wichtig waren Obstbau und Viehwirtschaft. Grosser Waldreichtum bis heute. Erst im Laufe der Zeit siedelten sich, im Zusammenhang mit dem Passverkehr, Handwerker und Gewerbetreibende an (Gasthäuser, Fuhrleute, Schmiede, Wagner, Gerber, Sattler, Seiler, Bauhandwerk, Ziegelei, Hafner, Hammerschmiede und Papiermühle). 1830/33 Bau der neuen Hauensteinstrasse. Mit der Eröffnung der Bahnverbindung Basel–Olten durch den Unteren Hauenstein (1858) drohte der Obere Hauenstein und damit das Waldenburgertal zu veröden. Eine neue Verdienstquelle konnte mit der gezielten Einführung der Uhrenindustrie geschaffen werden. 1880 Bau der Waldenburgerbahn (Spurweite 750 mm, Baukosten Fr. 370 000.–). Autobusverbindungen: Waldenburg–Langenbruck–Balsthal und Lauwil–Bretzwil–Reigoldswil–Liedertswil–Oberdorf–Waldenburg. Doch nach 1945 nahm der Autoverkehr am Oberen Hauenstein stark zu und befruchtete das Gast- und Autogewerbe, bis mit der Eröffnung der Autobahn durch den Belchentunnel (1970) der Passverkehr wieder stark reduziert wurde. Durch Absatzschwierigkeiten mussten auch die Uhrenindustrie und die damit verbundenen Betriebe auf andere Sektoren der Metallverarbeitung umstellen.

Geschichte: Altes Siedlungsgebiet im Raume Waldenburg (Oberdorf bis Langenbruck). Der Obere Hauenstein ist alter Übergang vom Rhein- ins Aaretal. Viele Streufunde am Pass. 1968–1974 wurden bei Sondierungen auf der Gerstelflue drei Stationen von hallstatt- und latenezeitlichen Siedlungen mit zahlreichen Funden freigelegt. (An der gleichen Stelle wenige aber vielfältige mittelalterliche Funde aus dem 12. Jh., die auf eine kurze Besetzung des Rehhaggrates weisen). Römer sind in Oberdorf und Waldenburg nachgewiesen; Oberdorf: römisches Bad beim Bad Oberdorf (Gipsquelle), Flurnamen z'Hof, z'Muren. Waldenburg: der dialektische Ausdruck für Waldenburg «Wollbrg» oder «Wollebrg» spricht für die Deutung «Burg der Walen». Walen = Welsche = Gallo-Römer; Flurname Areisli, früher Walrissli ist gleich gelagert. Römische Festung auf der Schanz, viele Funde (Minerva- und Merkurstatuetten beim Areisli). Zwischen 5. und 9. Jh. keine Nachrichten. 835 wird Honoltesvilare = Onoldswil (alte Siedlung Ober- und Niederonoldswil, heute Oberdorf und Niederdorf) schriftlich bezeugt. 1145 wird im Waldgebiet zwischen Onoldswil und Langenbruck die Gründung des Klosters Schöntal durch die Frohburger ermöglicht. In der Mitte des 12. Jh. wird von einem Markt geschrieben, der neben dem Holznachtberg an der Strasse errichtet worden war. Mit der Eröffnung des Gotthardpasses (Gangbarmachung der Schöllenen) und dem Bau der Basler Rheinbrücke kam auch dem Verkehr am Oberen Hauenstein erhöhte Bedeutung zu. Damit hängt der Bau der Talsperre und des Schlosses Waldenburg zusammen. Walden-

Die Burgruine Waldenburg

burg wird 1244 erstmals genannt, seine Gründung durch die Grafen von Frohburg dürfte aber schon um die Wende des 12/13. Jh. erfolgt sein. Ein Nebenzweig der Frohburger bewohnte die Burg auf dem Rehhaggrat, während die Dienstmannen in einem «festen Haus» auf der Schanz sassen. 1366 kam die Herrschaft Waldenburg an den Bischof von Basel. 1400 übernahm Basel das Gebiet und setzte einen Obervogt ein. 1798 wurde das Schloss geräumt und in Brand gesteckt, die Verwaltung ins Städtchen verlegt. Mit der Trennung von Stadt und Land wurde Waldenburg Bezirkshauptort. Entwicklung vom Passfussort zur Industrie- und Wohnsiedlung. Den knapp halbstündigen Abstieg zum Städtchen bei der letzten Wegkehre unterbrechen (Sitzbank beim Richtacher). Von hier aus sind alle Wehranlagen sichtbar: Rechts auf dem Hauptrogensteinfels die Schanz, Ruine Waldenburg auf dem Schlossberg, Ringmauer und oberes Tor der Stadt und Gerstelflue über dem Schlossfels mit eisenzeitlicher Siedlung.

Rundgang durch Waldenburg: Auf der Brücke des Wattelbaches Blick auf das Obere Tor und auf die zu Wohnhäusern ausgebaute Stadtmauer, rechts, jenseits der Vorderen Frenke, die ersten Fabrikgebäude der Uhrenindustrie. Durch das Tor ins Städtchen, die Hauptstrasse führte in steilem Anstieg und leichtem Bogen zum Tor (heute Treppe). Die Erhaltung des Baudenkmales ist der Strassenkorrektion von 1830 zu verdanken. Vom Torbrunnen nach links zum Adelberg (Nodlebärg), rechts giebelständiges, freistehendes Wohnhaus, das ursprünglich die alte geostete St.-Georgs-Kapelle war. Links Handwerker- und Bürgerhäuser, rechts Anbauten der alten Gasthäuser; den Abschluss im Norden bildet das erste Steinhaus des Städt-

Albert Schweizer: Waldenburg. Aquarell

chens (der Schöntaler Hof), das heutige Pfarrhaus mit ummauertem Hof. Vor dem Pfarrhaus links Durchgang zur Hinteren Gasse (Chüegass); der Raum diente zum Einstellen der Pferde während der Zeit des Passverkehrs und gehörte vermutlich zum Gasthaus Schlüssel an der Hauptstrasse. Ein paar Schritte in die Hintere Gasse: Stadtmauer ausgebaut zu Wohnhäusern (Mauerdicke bei den Türen beachten!), gegen Richtiflue frühere Viehställe (heute Garagen, Werkstätten und Kleintierställe). Weiter auf die Nordseite des Städtchens, letzte Teile der erhaltenen Stadtmauer auf zwei Seiten des Pfarrhauses. Vertiefung, «Graben», war nach 1400 Fischweiher bis zur Vorderen Frenke. An der Hauptstrasse alte «Wacht» mit Fachwerkvorbau (Jahrzahl 1770), an derselben Stelle stand ursprünglich das Zollhaus. Zwischen Kirche und Haus Nr. 44 Unteres Tor, das 1842 abgebrochen wurde, mit Bauschutt wurde der erwähnte «See» im Graben aufgefüllt. Vorbei an der Kirche (das Gebäude war bis 1833/34 Kornhaus) und leicht abwärts zur Unteren Frenkenstrasse. An Stelle der unteren Säge entstand 1892 eine Fabrik für Uhrenbestandteile. Frenke-aufwärts zur Obern Frenkenstrasse; auffallend sind die ausgebauten Lauben an den Rückseiten der Häuser. Hier wurde 1853 ein Teil der zwölf Uhrenateliers (Heimindustrie) unter der Regie der Gemeinde eingerichtet. Der defizitäre Betrieb führte 1859 zum Verkauf der Ateliersinrichtungen und zur Gründung der ersten Uhrenfabrik durch Privatpersonen vor dem Münsterli. Auf dieser Seite der Stadtanlage fehlt die Mauer, da der steile Schlossfelsen für mittelalterliche Verhältnisse genügend Schutz gewährte. Am Fusse des Felsens die alte Mühle, wenige Ökonomiegebäude und ein Felskeller, welcher zu einer Brauerei gehörte. Durch die Löwengasse zur Hauptstrasse, hier beidseitig Kaufläden, ehemalige und bestehende

Blick von den Reigoldswiler Bergmatten gegen die Stöckmatt

Gasthäuser und Wohnhäuser, alle traufseitig zur Passstrasse. Talwärts, ausserhalb der mittelalterlichen Stadt, links die Schulgebäude mit der Gemeindeverwaltung und Bauten verschiedener Dienstleistungsbetriebe mit beachtlichen zentralen Funktionen. Rechts über der Frenke der 1770 entstandene Herrschaftssitz Burgmatt, erbaut durch Joh. Ryhiner (1728–1790), Oberzunftmeister und Bürgermeister von Basel; das Gebäude beherbergt heute die Bezirksschreiberei und die Statthalterei.

Variante zu obiger Exkursion

Route: Vordere Wasserfalle (937 m) – P. 977 – P. 1036 – Waldweide (1014, 2 m)

Marschzeit: ½ Stunde

Beschreibung: Von der Bergstation der Gondelbahn auf der Zufahrtsstrasse Richtung Wasserfallenhof.

Vordere Wasserfalle (937 m): Ursprünglich Sommerweide mit bescheidenen Gebäulichkeiten des Waldenburger Schlossgutes (Landvogtsweid); wird 1680 erstmals genannt, muss aber älter sein. Der Weidebetrieb wurde zur Zeit der Helvetik (um 1800) Nationalgut und kam in der Folge in Privatbesitz. Seit 1910 Bergwirtschaft mit zunehmendem Tourismus fanden verschiedene Ausbauten statt. 1930 Übernahme durch die Autobus AG; nach einem Vollbrand im Jahre 1958 Neubau als Hotel und neuerdings Kurszentrum. Der Landwirtschaftsbetrieb ist heute in Privatbesitz und vom Wasserfallenhof getrennt. Über P. 977 angenehme Wanderung mit Ausblick nach Norden (Vogesen, Oberrheinische Tiefebene, Schwarzwald, Dinkelberg, Hochrheintal, Tafeljura und Reigoldswilertal) zur Waldweide, wo wieder Anschluss an die Hauptroute besteht.

Von der Vorderen Wasserfallen geniesst man eine schöne Aussicht über das Baselbiet und das Schwarzbubenland

Eneas Domeniconi

Über die Wasserfallen

Partie in Mümliswil

Von Mümliswil nach Reigoldswil – eine Wanderung durch Flurnamen und deren Geschichten

Über die Wasserfallen als Wanderweg ist schon oft und viel geschrieben worden. Sämtliche Autoren haben diese Route als äusserst lohnens- und erlebenswert wiedergegeben. Tatsächlich ist die Region des Passwangs, eine Grenzgegend zwischen Falten- und Tafeljura, ein zu allen Jahreszeiten schönes und durch den öffentlichen Verkehr erst noch gut erschlossenes Wandergebiet. Wir wollen den zahlreichen Beschreibungen nun nicht einfach einen weiteren Wandervorschlag beifügen, sondern folgen den Flurnamen am ehemaligen Saumweg zwischen Mümliswil (SO) und Reigoldswil (BL). Die dazugehörigen Geschichten und Erzählungen mögen den Gang über den Berg zu einem abwechslungsreichen Erlebnis machen.

Wenn wir schon einen Blick in die Vergangenheit werfen, spannen wir den Bogen ein paar Jahrhunderte weit, in welchen Eindrücke aus der Gegend wiederholt auch von Malern und von Literaten festgehalten wurden. Diese Eindrücke laden zum Verweilen ein.

Wir begeben uns also mit Musse auf den Weg, halten da und dort inne – auch wenn wegen des Nebels öfters nicht allzu viel zu sehen sein soll – und überlassen uns der Natur: sehen, hören, riechen, spüren oder einfach Zeit haben. Deshalb finden Sie, liebe Leserinnen und Leser, auch keine Zeitangaben. Gönnen Sie sich einfach mal einen Tag! Und sollte am Ziel das Postauto abgefahren sein – Gasthäuser hat es in beiden Dörfern, und das nächste Postauto kommt bestimmt.

Zur Geschichte des Passes

Der Übergang der Wasserfallen ist alt. Prähistorische Funde in Reigoldswil aus der jüngeren Steinzeit lassen bereits für jene Zeit auf eine Begehung des Passes, der kürzesten Verbindung von Basel ins Mittelland, schliessen. Und dass der Pass nicht nur als Verkehrsweg von Bedeutung war, sondern auch auf verschiedene Künstler seinen Reiz ausübte, belegen uns

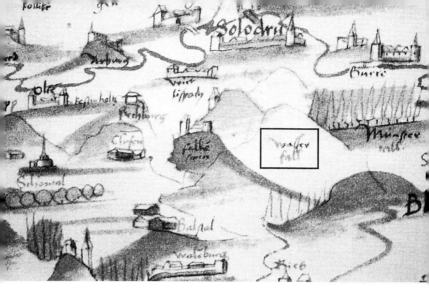

Ausschnitt aus der Schweizer Karte von Konrad Türst, 1495

kartographische Wiedergaben aus früheren Zeiten: zum Beispiel jene von Konrad Türst (1495, Wasserfallen auf der ältesten Schweizerkarte), die Strassburger Ptolemäus-Karte von 1520, jene von Johannes Janssonius (1638: Karte des Zürichgaus), die grosse Schweizerkarte von Johann Jakob Scheuchzer (1720) sowie Aquarelle und Zeichnungen von Emanuel Büchel (1754, der namengebende Wasserfall mit der Kirche St. Hilarius im Tal), Peter Birmann (1797, der Wasserfall im Schelmenloch), Marquard Wocher (1800, das Dorf Reigoldswil) oder Franz Graffs «Blick vom Roggen gegen Balsthal und Mümliswil (1828)», in dem die Limmerenschlucht deutlich auszumachen ist. Unterstrichen wird der Eindruck, den die Wasserfallen auf ihre Besucher gemacht hat, mit Daniel Bruckners Beschrieb von 1763: «Mit diesem Namen wird ein sehr hoher und raucher Berg belegt, welcher hart an das Dorf Regoltswil stosset; auf seiner Seite gegen Mitternacht bleibt der Schnee lange ligen, und die wilden Tieffen, Höhen und Felsen, haben vor Zeit auch den Bären einen sicheren Aufenthalt gestattet, daher noch ein gewisser Bezirk Bärengraben genannt wird; zu oberst auf dem Berge fällt beständig Wasser die Felsen hinab, läuft zu unterst in einem Bette bey der St. Hilarien Kapelle vorbey in das Dorfe, und nimmt allda das Bächlein zu sich welches von St. Remigius oder denen St. Romey Alpen herunter kömmt... ohngeacht nun dieses herabfliessende Wasser hart und kalt ist, so zeugt der Regoltsweiler Bach viele Forellen und Krebse». Und zum Aussehen erfahren wir: «Ehe die Strasse des Hauensteins so bequem und brauchbar gemacht worden, als sie nun ist, so war ein nicht ungewöhnlicher, doch sehr gefahrlicher, mit vielen Hölzern bevestigter Fussweg über die Wasserfalle, welchen auch die Lastpferde gehen konnten; nunmehr aber wird dieser Weg sehr wenig mehr, ausser von Lands=Leuten gebraucht».

Hier wird demnach bestätigt, dass der Pass wegen der Verkehrsverlagerung nach Osten, über die beiden Hauensteine, die wegen ihrer weit besseren Zugänglichkeit ausgebaut wurden, in Vergessenheit geriet. Völlig ins Abseits der Verkehrsströme geriet die Wasserfallen schliesslich nach dem 1730 unter dem Bauherrn Suri erfolgten Bau der Passwangstrasse, obwohl diese nicht zu den allerbesten gehörte, wie einer Beschreibung Peter Strohmeiers 1836 zu entnehmen ist, wonach die Strasse an vielen Stellen über 20 Fuss Prozent steige und unstreitig die schlechteste Kommunikationsstrasse der Schweiz sei. Aber: die Passwangstrasse konnte befahren werden und lag ihrer gesamten Linienführung auf Solothurner Boden. Die Wasserfallen war demgegenüber nie Fahrweg und hatte zudem die Nachteile ihrer Höhendifferenz sowie des Zollstocks in Reigoldswil. Zoll für einen schlechten und gefährlichen Weg bezahlen zu müssen, war eine häufig gehörte Klage. Und weil ein Pass ohne Passfussorte keiner sein kann, blicken wir kurz in die Ortsgeschichten von Mümliswil und Reigoldswil zurück.

Mümliswil

Es scheint, dass – im Gegensatz zum solothurnischen Teil des Jurasüdfusses – die Dörfer im Thal späte Gründungen waren.

Urkundlich wird Mümliswil 1139 erstmals erwähnt. Das Kloster Beinwil besass 1194 hier Güter, wie einer Bestätigung durch Papst Coelestin III. entnommen werden kann. Im weitern war auch das Kloster Schöntal (bei Langenbruck) Besitzer von Gütern. Dieser Besitz wurde 1225/26 durch Bischof Heinrich von Basel bestätigt. 1440 ging der Kirchenschatz an die Stadt Solothurn über.

Im 16. Jahrhundert befand sich das Dorf in der Vogtei Falkenstein. Zusammen mit Ramiswil bildet Mümliswil heute eine politische Gemeinde und umfasst mit über fünfzig Quadratkilometern das grösste Gemeindegebiet im Kanton Solothurn. Nachdem Mümliswil und Ramiswil bis 1856 eine Kirchgemeinde bildeten, sind die beiden Teile des Dorfes seither kirchlich selbständig.

Das vorwiegend agrarisch geprägte Dorf zählte kurz nach der Jahrhundertwende 300 Arbeiter in der Kammfabrikation sowie deren 150 in der Seidenindustrie. Der Seidenraupenzucht in den vierziger Jahren des letzten Jahrhunderts war allerdings ein kurzes Leben vergönnt. In ortsansässigen Industriebetrieben und in jenen der Klus fanden die meisten Arbeiter ihr Einkommen.

Reigoldswil

Erste Anzeichen einer Siedlung (oder eines Rastplatzes) finden wir unterhalb der Babertenfluh, wo 1981 ein Steinbeil und Scherben eines grobkörnigen Topfes gefunden wurden.

Brunnstock mit Fratze in Mümliswil...

Ein angeblich römisches Strassenstück oberhalb Bütschen wurde 1938 angeschnitten. Zahlreich sind die Siedlungen, die auf galloromische Besiedler zurückgehen. Urkundlich erstmals erwähnt wird Reigoldswil jedoch im 12. Jahrhundert: 1152 befand sich das Dorf im Besitz der Grafen von Frohburg. Deren Dienstleute hatten von Reifenstein aus, am Weg nach Titterten gelegen, die Aufsicht. 1366 gelangte das Dorf durch Kauf an den Bischof von Basel, der es den Ramsteinern als Lehen übergab. Nach der Reformation bildete Reigoldswil bis 1764 mit Lauwil und Bretzwil eine Kirchgemeinde, seit 1765 ist das Dorf mit Titterten zusammengeschlossen.

Zur Zeit Daniel Bruckners – in der Mitte des 18. Jahrhunderts – sei das Dorf schön und gross gewesen; die Strohdächer waren bereits damals durch Schindeln ersetzt worden, Ackerbau und Viehzucht waren Haupterwerb. Daneben bestanden zu dieser Zeit eine Ziegelhütte, zwei Mahlmühlen und ein «...Wirthshauss für diejenigen so etwann über die Wasserfalle kommen, und allhier ihre Einkehr nehmen möchten». Wie im oberen Kantonsteil spielte die Heimposamenterei in Reigoldswil eine grosse Rolle. Ihre Blütezeit erlebte sie in der Mitte des 19. Jahrhunderts, als das Dorf «Bändeliwil» genannt, 308 Webstühle zählte (bei etwa 1400 Einwohnern). Noch 1913 standen 361 Bandwebstühle im Dorf. Danach begann der endgültige Niedergang einer Industrie, welche in Kombination mit der Landwirtschaft einen willkommenen Verdienst gebracht hatte. Einen ebensolchen hatten auch im Dorf ansässige, mit der Säumerei beschäftigte Personen: In den Reigoldswiler Gerichtsprotokollen von 1772 ist ein Heierech Schnider, Säumer zu Reigetschwil, vermerkt. In jenen von 1773 Hans Tanner und Jogy Schwitzer (aus Lauwil).

Schliesslich erfahren wir gar von einem «pensionierten» Säumer, wird doch Hans Frey im Reigoldswiler Gerichtsprotokoll von 1783 als «alt Säumer» bezeichnet.

...und in Reigoldswil. Beide um 1820 wohl vom gleichen Steinmetz geschaffen.

Zum Pass, seinen Flurnamen und deren Geschichten

Aus heutiger Sicht ist eine Begehung des Wasserfallenpasses nur noch eine Sache des beschaulichen Wanderns. Dass hier aber der ehemals direkteste Weg von Basel ins schweizerische Mittelland durchführte, erfassen wir erst bei einem Blick auf eine kleinmassstäbige Karte.

Im folgenden überqueren wir die Wasserfallen auf dem ältesten uns bekannten Weg, ausgehend von Mümliswil, nach Reigoldswil. Dabei sollen, unserem Schwerpunktthema entsprechend, die durchschrittenen Fluren und ihre Namen sowie ihre Geschichten die Hauptrolle spielen.

Gasthof Ochsen, Mümliswil

Der Gasthof Ochsen gilt als Beispiel für den Einfluss der Baselbieter Bauweise. Er wurde um 1765 nach einer Feuersbrunst nach Plänen von Jakob Umher gebaut. Äusserlich ist das Wirtshaus noch weitgehend im damaligen Zustand erhalten geblieben.

Spital
Bei diesem Gebäude handelt es sich möglicherweise um eine Unterkunft für Wasserfallen-Reisende oder auch für Kranke aus dem Dorf. Der heutige Spitalweg erinnert an das ehemalige Gebäude, welches umgebaut wurde und heute nicht mehr als solches erkannt werden kann. Auch in Reigoldswil ist ein Haus «im Spittel» angeschrieben; es sei das ehemalige Armenhaus.

St.-Josephs-Kapelle (am Sunneberg)
Nach der Durchquerung der imposanten Limmerenschlucht und der Klus unterhalb des Sunnebergs erblicken wir die St.-Josefs-Kapelle, die in den Jahren 1905/06 dank Beiträgen der Bevölkerung von Mümliswil durch den damaligen Pfarrer Robert Maeder erbaut wurde. Sie dient als Wallfahrtsort der Mümliswiler Dorf- und Bergbevölkerung.

Sunneberg
Wohl kaum von ungefähr hat der Sunneberg seinen Namen: Wenn im Thal der bleierne mittelländische Winternebel hartnäckig liegenbleibt, beginnt es hier aufzuhellen. Nebelschwaden kommen und gehen und tauchen die Landschaft in ein einzigartiges Licht.

Obere Limmeren
Auf 860 m ü.M. befindet sich der Hof Obere Limmeren – vor dem letzten Steilstück des Fussweges über die Wasserfallen. Für den Namen «Limmeren» gibt es zwei Deutungen: Der Name soll einerseits vom lateinischen «limes» (= Schwelle, Einsattelung;) stammen, möglicherweise aber auch von «Lucerna», einer im Jahrzeitenbuch aufgeführten Leuchte, die sich bei der Behausung eines Wachtpostens befunden haben könnte. Die Existenz einer mittelalterlichen Hochwacht an der Südseite der Wasserfalle könnte für diese Annahme sprechen, denn die Stelle nördlich der Klus von Balsthal ist aus dem Mittelland bestens sichtbar, wenn nicht Nebel die Sicht verdeckt. Wenn unten im Tal wochenlang ein dichter Nebelteppich liegt, geniesst man hier bei milden Temperaturen ein wunderbares Nebelmeer, welches sich – über dem Mittelland liegend – ins Thal hineinverteilt; man wähnt sich an Norwegens Fjorden. Einen Namen verschaffte sich der Hof wegen seiner guten Käse. Vom Chronisten Haffner erfahren wir 1666, dass «ob dem Dorfe Mümliswil die fürtreffliche Alp Limmeren» liegt, «der guten Käse wegen wohlbekannt». Und Peter Strohmeier ver-

Blick von Westen ins Gebiet der Limmeren

glich 1836 den Limmeren-Käse sogar mit dem Emmentaler: «Die Käse, welche auf den Limmerenbergen bei Mümliswyl gekocht werden, hält man für die besten; sie kommen jenen des Emmenthales gleich...». Noch 1893 soll die Obere Limmeren 2580 Kilo Käse produziert haben.

Und wo sich zudem «Füchse und Hasen gute Nacht sagen», gedeihen offenbar auch Sagen, wie die folgende über Geister und Seelen:

Vor vielen hundert Jahren lebte in der Limmeren ein geiziger Bauer mit seiner Familie. Nach einem schlechten Sommer sei es trotz sparsamen Haushaltens im Dorf zu einer Lebensmittelknappheit gekommen. Einzig der Limmerenbauer habe noch im Überfluss gelebt. Der eine oder andere Bauer im Thal habe daraufhin seine Ersparnisse zusammengetragen und sich auf den Weg in die Limmeren gemacht, um sich etwas Brotfrucht zu kaufen. Doch sämtliche seien abgewiesen worden. In einer Freitagnacht nach Neujahr sei es in den Kornvorräten des Limmerenbauers eigenartig zu und her gegangen: Aus sämtlichen Weizenkernen seien dicke Käfer hervorgekrochen, und eine grosse Menge derselben habe sich durch das Hausdach auf und davon gemacht; eine schwarze Wolke sei über Mümliswil und die Klus gegen das Gäu geflogen und schliesslich weiter, es wusste niemand wohin... Am andern Morgen habe der Bauer kein einziges Korn mehr im Speicher vorgefunden und am eigenen Leib habe nun die Bauernfamilie erfahren müssen, was Hunger sei...

Rochuskapelle

Kurz unterhalb des Scheitelpunktes zur Hinteren Wasserfallen wird die Rochuskapelle sichtbar. Zur Zeit der Pestzüge

Die Rochus-Kapelle auf dem Wasserfallen-Übergang

im 17. Jh. hatte der heilige Rochus in Sachen Bittgebete Hochkonjunktur. Über Pestfälle ist in der Pfarrei Mümliswil-Ramiswil aus dem früh beginnenden Totenbuch nichts direkt in Erfahrung zu bringen. Überdurchschnittliche Sterbefälle in den Jahren 1611 und 1629 weisen allerdings auf solche hin. Ein weiterer Pestzug soll 1634 im Thal gewütet haben.

Auf die Wasserfalle gelangte Rochus bereits 1325. Einer Legende zufolge bereiste er unser Gebiet auf dem Heimweg nach Montpellier, von Rom herkommend. Zwischen Mümliswil und Reigoldswil sei er verunfallt und dort, wo er leidend und betend auf Hilfe wartete, wurde eine Kapelle errichtet, in welcher er heute noch, als Schutzpatron gegen Pest und Viehseuchen, verehrt wird.

Von einer kuriosen Geschichte, einem Hostienraub in Seewen, berichtete Pfarrer Theodor Kressbach. 1692 soll sich folgendes zugetragen haben: Aus der katholischen Pfarrkirche von Seewen raubten zwei Berner geweihte Hostien. Nach Monaten wurden die Räuber gefasst und eingekerkert, worauf sie auch den Ort des Verbleibs der Hostien gestanden: im Graben auf der Wasserfalle (offenbar bei der Rochus-Kapelle). Dort wurden die Hostien auch gefunden und mit allen Zeremonien in die Kathedrale nach Solothurn gebracht.

Nachdem die alte Kapelle baufällig geworden war, wurde eine neue errichtet und am 10. Oktober 1937 feierlich eingeweiht.

Hintere Wasserfallen: Grenze zwischen Solothurn und Baselland

«So rauch und beschwärlich, das Aufsteigen auf disen Berg ist, so angenehm sieht es droben aus, allwo sehr schöne Viehwaiden sich befinden». Mit diesen Worten beschrieb Daniel Bruckner Mitte des 18. Jahrhunderts das Gebiet zwischen der Vorderen und der Hinteren Wasserfallen.

Noch anfangs des 16. Jahrhunderts befand sich die Grenze zwischen dem solothurnischen Mümliswil und dem baslerischen Reigoldswil auf dem Passwanggrat. Seit alters nutzten Bauern der Limmerenhöfe Weiden nördlich der Wasserscheide, wofür sie dem «Vogt zuo Waldenburg jährlich einen Käs» schuldeten. Im sogenannten Galgenkrieg gelang es den Solothurnern, aus diesem Gewohnheitsrecht ein geschriebenes zu schaffen: Der heutige Grenzverlauf, zuungunsten Basels, entstand. In einem Plan, mit dem Gebiet des Waldenburgeramtes von Emanuel Büchel (1769), kann dieser Verlauf nachvollzogen werden. Hier befand sich der «Lendstein auf der Wasserfallen beym Gatterstein». Weder vom Lendstein noch vom Gatterstein ist bis heute etwas übriggeblieben, dafür jene die Grenze begleitende Hecke sowohl gegen das Chellenchöpfli im Osten als auch gegen den Vogelberg im Westen. Ein Grenzstein mit den beiden Kantonswappen markiert seit 1945 die solothurnisch-basellandschäftliche Grenze. Grenzorte sind auf der südlichen Seite Mümliswil und auf der Nordseite nicht Reigoldswil, sondern Waldenburg.

Wasserfallen

Die für den Übergang namengebende Örtlichkeit ist im Winter ein Felsen, über welchen sich ein spärliches Wässerchen in die Tiefe stürzt. Nach starken Niederschlägen hingegen ist ein Tosen und Brausen zu vernehmen, durchaus in Daniel Bruckners Sinn «... zu einer Zeit mehr als zu der andern». Titterten erwarb in den Jahren 1902/03 die Quelle beim Goldbrunnen für ihre Wasserversorgung, was zu einer Verringerung des Wasserfalls beigetragen haben könnte. Der Name Goldbrunnen soll im übrigen die Qualität des Wassers dieser Quelle kennzeichnen. Heute speist der Überlauf der Quellfassung einen am steilen Weg stehenden Brunnen.

Die Bedeutung der Wasserfallen als Anziehungspunkt für Künstler im 18. und 19. Jahrhundert ist auf den insbesondere in den Alpen feststellbaren überwältigenden Eindruck, den die Natur auf ihre Betrachter ausgeübt hat, zurückzuführen. Bruckner beschrieb den Ort folgendermassen: «Da die Wasserfalle ein Gebürg ist, so aus verschiedenen Höhen und Vertiefungen bestehet, und hin und wieder neben obgemeldeten Wasserfall aus denen Felsen=Rissen einige Wässerlein hervorquillen, so entstehen bey kaltem Winter, besonders wenn viel Schnee fällt, verschiedene aufeinander ligende, und wenn das Eise, welche gleichsam ein Eis-Meer gestalten, unter welchem in dem Früh=Jahre das Wasser hervorquillt, und so lange fliesset, bis alles zusammen geschmolzen ist».

Max Schneider: Wasserfall zwischen Weiher und Bürtenstrasse, 1995

Schelmenloch

Die Flur «Schelmenloch» liegt etwas abseits des Steilabstiegs von der Wasserfallen. Bei der unteren Kehre nördlich des Punktes 830 muss der alte Saumweg verlassen werden. Nach etwa zweihundert Metern auf der geschotterten Fahrstrasse zweigt der Jägerweg rechts gegen den Bach ab. Diesem folgend, erreicht man bei Punkt 669 wiederum die soeben verlassene Fahrstrasse. Hier hat man jenen Einblick in die beginnende Hintere Frenke, den ehemals Peter Birmann und, zweihundert Jahre später, auch Max Schneider hatten: «Hier singt's und rauscht's; es ist wie Musik».

Für Reisende in früheren Jahrhunderten war diese idyllische Stelle aber wahrscheinlich nicht der Ort des Singens und Musizierens, sondern einer, an dem sich allerlei Gesindel herumgetrieben haben soll. Aus dem 17. Jahrhundert ist eine besondere Geschichte erhalten geblieben: «Ist ein böser Mörder / dessen 12 Gesellen sich auff der Wasserfallen eine gute Zeit lang in einer Höli / so sie in den Felsen gegraben / auffenthaltern / und vil Personen ermördet / in der Vogtey Dorneck behändiget / nacher Solothurn gefänglich eingebracht und

J. J. Falkeisen: «Schelmenloch bey Raegottschweil», 1821

justificirt worden.» Soweit der Solothurner Chronist Haffner. Einer anderen Geschichte zufolge soll sich die Örtlichkeit deshalb Schelmenloch nennen, «...weil zwey in der Vorzeit berüchtigte Räuber auf der ehemaligen Strasse über die Wasserfallen die Wanderer belauerten und ausplünderten». Um einer Verurteilung zu entgehen soll sich der eine über einen Felsen hinuntergestürzt haben.

Bärengraben

Es kann angenommen werden, dass noch im 17. und 18. Jahrhundert in entlegenen Gegenden, vom Jura herkommend, Bären auftauchten, was der hiesigen Örtlichkeit den Namen gegeben haben könnte. Bereits 1717 ist nämlich im Bann Reigoldswils «auff dem Bärengraben» als Flurname bekannt. Vom letzten Abschuss eines Bären in Reigoldswil liegen verschiedene Schilderungen vor; das Jägerlatein trieb dabei herrliche Blüten.

Von der letzten Bärenhatz von 1813 erfahren wir folgendes: «Anno 1813, das Datum weiss man nicht mehr genau, ging das Gaitenmannli – der Hirt ab Gaiten – von Reigoldswil aus über die Wasserfalle heimzu und von der Hintern Wasserfalle durch das bekannte Herrenweglein (eigentlich Hurenwegli) gegen Bürten. Als er im Herrenwegli an der steilsten Stelle im Walde war, sah er unten einen Bären. Es ist dies die Stelle, wo vor mehreren Jahren zwei Füllen verunglückt sind. Unser Held erschrak tödlich und lief in seiner Angst über Bürten hinüber heimzu, schloss das Haus ab und schlüpfte ins Bett. Als nach zwei Tagen das Mannli sich nirgends bemerkbar machte, gingen die Nachbarn, um nachzusehen und fanden ihn im Bett vor. Er erzählte ihnen sein Erlebnis…». Die Geschichte ging folgendermassen zu Ende: Der starke Ramstebäni – damit war Bernhard Steiner ab dem Ramstein gemeint – zog mit seinem Gewehr aus, «…stösst auch wirklich auf den Bären, schiesst auf ihn und trifft ihn. Wutentbrannt reisst der Bär schnell eine Tannenwurzel aus dem Boden heraus und geht damit aufrecht auf den Ramstebäni los. Nochmals zu laden blieb diesem keine Zeit. Auf seine Kraft vertrauend, tritt er dem Bär entgegen, fasst ihn bei seinen Vordertatzen, so dass er mit der Wurzel nicht dreinschlagen kann. Der Bär will ihn ins Gesicht beissen, doch der Ramstebäni hält ihn mit seinen Armen fest, drückt mit seinem Kopf so stark gegen den Hals und die Gurgel des Bären, dass diesem schliesslich der Atem ausgeht und er zu Boden fällt». Und schliesslich trägt er den erlegten Bären ins Dorf hinunter. Nicht von ungefähr kennen wir den Ausdruck «bärenstark»; auch diese Erzählung ist's!

Die amtliche Version indessen schildert das Vorhergegangene etwas nüchterner – und entspricht den Tatsachen wohl eher. Am 17. September 1798 erstattete der Basler Regierungsstatthalter der Verwaltungskammer des Kantons Bericht, wonach ein Bär in der Gegend erlegt worden sei und dass, da das Tier noch weiteres Vieh hätte reissen können, ein «gewisses Schussgeld für die Erlegung eines Bären» für die Jäger auf der baslerischen Kanzlei bereit liege. Die Basler zeigten sich tatsächlich von der guten Seite. Nebst dem Dank des Vaterlandes erhielt jeder am Abschuss der Bären Beteiligte «vier NL dor» aus der Staatskasse sowie die Schützen einen «Basel Dukaten», Johann Brunner gar einen «Goldgulden zu seinem Angedenken».

Chilchli

«Zu unterst an dem Berge gegen Regoltsweil, stehet eine dem H. Hilarius geweihte Kapelle, welche vermuthlich dahin gebauen worden, damit die Reisenden welche dises Gebürg bestiegen, oder herab kamen, allda ihre Andacht verrichten konnten» berichtet Daniel Bruckner 1756. Aus dieser Zeit stammt, von Emanuel Büchel, auch eine der ältesten Abbildungen, die den oberen Teil Reigoldswils mit der Dorfkirche, St. Hilar mit Kirchturm sowie die Vordere Wasserfallen enthält.

Wenn wir etwas oberhalb der heutigen Fahrstrasse auf dem alten Wasserfallenweg gegen das Chilchli marschieren, sehen wir von weitem dessen angeblichen Turm. Bei diesem handelt es sich um den Dachreiter des abgebrochenen Schulhauses von Liedertswil, welcher 1970 hierher gelangte.

Aufgrund einer Merowingermünze als Grabbeigabe aus dem frühmittelalterlichen Gräberfeld am Ziegelhölzli (Wald östlich Chilchli) wird die Gründung der Kirche St. Hilarius in der Zeit des 7./8. Jahrhunderts angenommen. 1527 wurde sie von Solothurn erworben, nach 1540 bis 1562 diente sie dem reformierten Gottesdienste der Kirchgemeinde Reigoldswil-Lauwil-Bretzwil. Mit dem Neubau der Dorfkirche am Hoggenhübel, im Dorfzentrum, hatte St. Hilarius als kirchliches Gebäude ausgedient. Danach diente das Haus zum Einlagern von landwirtschaftlichen Erzeugnissen und als Geräteschopf. Trotzdem erwähnt der Topographische Atlas von 1885 das Haus noch als «Kilchli St. Hilar», obwohl dem Gebäude, welches seit 1970 unter Denkmalschutz steht, der ehemalige Verwendungszweck äusserlich nicht mehr anzusehen ist. Neuste Grabungen brachten die Bestätigung der Gründung in karolingischer Zeit. Ein romanisches Rundbogenfenster (aus dem Abbruch der westseitig stehenden Kirche) in der Ostwand und ein aus dem 8. Jahrhundert stammendes Steinplattengrab mit einer Kinderbestattung geben weitere Einzelheiten zur interessanten Geschichte dieses im 19. Jahrhundert zu einem Wohnhaus umgebauten Gotteshauses preis.

Wie es sich gehört, ranken sich auch um dieses Gebäude seltsame Geschichten, so beispielsweise die folgende: «In der ersten Hälfte des 19. Jahrhunderts wollten zwei Reigoldswiler Burschen zwei Töchtern, die sich ins Chilchli begeben hatten, aufpassen und sie erschrecken. Sie versteckten sich hinter einem heute verschwundenen Grünhag. Als sie eine Zeitlang gewartet hatten, hörten sie, wie die Haustüre im Chilchli aufging. Sie glaubten, die erwarteten Mädchen näherten sich. Aber anstelle der beiden Töchter erschienen zwei Frauen in alter Tracht, reich behangen mit goldenen Ketten. Sie schritten über die Brücke und stiegen die Grundgasse hinan. Den beiden Burschen kam die Erscheinung nicht geheuer vor; sie machten sich schleunigst auf den Heimweg».

Auch wir begeben uns weiter auf den Weg dem Dorf entgegen. Entweder beim Chilchli oder eingangs Dorf befand sich ehemals der Zollstock sowie des Zollers Haus; wir wissen aber nicht genau wo.

Etwas hinter der Talstation der Gondelbahn befindet sich ein Zeugnis aus der Zeit des Beginns des Eisenbahnbaus in der Schweiz. 120 Jahre vor der NEAT-Debatte wurde eine Bahnverbindung durch den Jura geplant, welche Reigoldswil durchquert hätte. 1874 begann tatsächlich der Tunnelbau. Eine «Tropfsteinhöhle» und das noch sichtbare Tunnelportal auf der Reigoldswiler Seite blieben als Zeugen politischer Ränkespiele, die wohl zuungunsten dieser Juraregion ausgingen, sie dafür zum Naherholungsgebiet für die Agglomeration Basel machte. Der Bau des Hauensteintunnels brachte in der Folge den Gemeinden im Ergolztal Aufschwung und den Talschaften der beiden Frenken das verkehrsmässige Abseits.

Bad

Nach etwas mehr als 500 Metern auf der nunmehr asphaltierten Strasse durchs Dorf stossen wir auf das ehemalige Bad.

Dem Haus ist der damalige Verwendungszweck allerdings nicht mehr anzusehen.

Das Bad (Wirtshaus mit Badestube) entstand 1850. 1852 wird ein Joh. Wagner als «gewesener Badwirth» genannt.

In einem Inserat im «Landschäftler» vom 14. Mai 1853 warb der Badwirt Frei (wahrscheinlich Wagners Nachfolger) «höflichst zum Baden, Schräpfen und Aderlassen». Daneben verlustierte sich die wahrscheinlich unter der obrigkeitlichen Strenge leidende Basler Gesellschaft beim «Kegelschieben» und Tanzen bei «gut besetzter Musik». Es war tatsächlich so, dass auf dem Land die Sitten damals etwas lockerer waren und vielerorts fast täglich zum Tanz geladen wurde.

Zu Beginn des Tunnelbaus der Wasserfallenbahn (1874/75) befand sich im Bad auch das Lohnbüro, ein Zimmer, welches in späterer Zeit immer noch als «Goldstübli» bezeichnet wurde. In den achtziger Jahren ging die Wirtschaft Bad ein und auch das Badwasser wurde in der Folge als nicht unbedingt heilkräftig eingestuft. Es unterschied sich anlässlich einer im August 1985 vorgenommenen Analyse nicht von gewöhnlichem Trinkwasser, vielmehr wurde das Wasser wegen Verschmutzung mit Fäkalbakterien sogar als zum Trinken ungeeignet bezeichnet.

Der Gang durch das schöne Dorf, vorbei an stattlichen Häusern und ebensolchen Dorfbrunnen, endet auf dem Dorfplatz, der an der Südseite durch das Gasthaus Pension zur Sonne abgeschlossen wird. Im ausgehenden 16. Jahrhundert gab es in Reigoldswil zwei Wirte, von denen derjenige «...niden in dem dorff» 1593, ein «Hans Roth, Wirt zur Sonnen zue Riegendschweyl», erwähnt wird. Es handelte sich um das untere Wirts-

Marquard Wocher: «Aussicht aus dem Dorff Reigoltzweyl gegen die Wasserfallen im Canton Basel, gezeichnet am 10. September 1800. Beleuchtung abends 5 Uhr.» Aquarell über Bleistift

Wirtshausschild am Gasthaus zur Sonne

haus (das obere Wirtshaus zum Wiger befand sich im Dorfteil Oberbiel) am Dorfplatz.

Einst war das Haus Sitz der zivilen Gerichtsbarkeit und im 18. Jahrhundert wirkten die Sonnen-Wirte als Chirurgen und Wundheiler. Auch als in der Mitte des 19. Jahrhunderts der Reigoldswiler Markt eingerichtet wurde, stand das Haus im Mittelpunkt bunten Treibens. Damals entstanden der Kopfbau am Dorfplatz sowie der grosse Saal. Vor ein paar Jahren wurde das Haus stilvoll renoviert und dafür am 6. November 1993 mit dem Baselbieter Heimatschutzpreis ausgezeichnet.

Wer sich nun hinsetzt, um sich von der Wanderung über die Wasserfalle zu erfrischen, dem könnte die büssende Kindsmörderin begegnen, wie es eine Sage – unsere letzte auf diesem Weg – berichtet: «Zu gewissen Zeiten erscheint in der Nähe des Gasthauses zur Sonne eine Frau in schwarzen Kleidern, die ein weisses Tuch um den Kopf gewunden hat. Sie läuft umher, als ob sie etwas Verlorenes suche, weint und schluchzt dabei herzerweichend. Es soll sich um eine Frau handeln, die ihre neugeborenen Kinder umgebracht hat und nun zur Strafe immer wieder umgehen und ihre Kinder suchen muss».

Nach diesen Gedanken holt uns die Realität wieder ein. Ein kurzer Blick über den Dorfplatz verrät uns, dass nicht die schwarzgekleidete Frau, sondern der gelbe Linienbus im Anzug ist. Wir besteigen ihn und lassen die Wasserfalle mitsamt ihrer Geschichte und ihren Geschichten hinter uns zurück.

Bibliographie
Bruckner Daniel (1756): Versuch einer Beschreibung historischer und natürlicher Merkwürdigkeiten der Landschaft Basel. XVI. Stück von Ramstein, Bretzweil, Regolzweil und Lauweil. Basel.

Lörtscher Gottlieb (1957): Die Kunstdenkmäler des Kantons Solothurn. Band III: Die Bezirke Thal, Thierstein und Dornach. Basel.

Müller Paul (1984): Die Pestepidemien des 17. Jahrhunderts im Stande Solothurn. In: Jahrbuch für solothurnische Geschichte, 57. Band.
Pfluger Elisabeth (1973): Solothurner Sagen. Solothurn.
Suter Paul (1930): Die Flurnamen von Reigoldswil. VIII. Tätigkeitsbericht der Naturforschenden Gesellschaft Baselland. Liestal.
Landeskarte der Schweiz 1:25000, Blatt 1087 Passwang und 1088 Hauenstein.
Suter Paul (1932): Der Wasserfallenweg, ein vergessener Juraübergang. In: Basler Jahrbuch 1932.
Suter Paul (1972): Zur Geschichte der Gotteshäuser des Baselbieter Hinterlandes: St. Hilar bei Reigoldswil. In: Baselbieter Heimatblätter 4/1972.
Suter Paul und Strübin Eduard (Hgg.) (1992): Baselbieter Sagen. Liestal.
Suter Paul et al. (1987): Heimatkunde Reigoldswil. Liestal.
Walter Max (1933/37): Ortsgeschichtliches über Mümliswil-Ramiswil. Olten.
Wiesli Urs (1951): Balsthal und seine Täler. Eine Wirtschafts- und Siedlungsgeographie. Winterthur.

Ich widme diesen etwas unüblichen Wandervorschlag Max Schneider aus Liestal, einem Reigoldswiler, der sich sehr um das Dorf verdient gemacht hat und der am 12. Februar 1996 – zu seinem 80. Geburtstag – Ehrenbürger von Reigoldswil wurde. Ihm danke ich für die herzlichen Gespräche in seinem Atelier.

«Gruss aus Reigoldswil.» Postkarte, gebraucht 1901

Dominik Wunderlin

Burgen, Klöster und Kapellen rund um Wasserfallen und Passwang

Dominik Wunderlin
30. Januar 2010

Eine kulturhistorische Rundfahrt mit dem Auto

Mit dem eigenen Auto oder – für Sportliche – auch mit dem Velo lässt sich bei einer Reise rund um die Höhen von Wasserfallen und Passwang eine unheimlich starke Landschaft erkunden. Es ist eine Fahrt durch die basellandschaftlich-solothurnische Grenzlandschaft, wo es überraschend viele Gemeinsamkeiten, aber auch Unterschiede zu beobachten gibt.

Selbstverständlich ist der Einstieg in diese Tour an verschiedenen Orten möglich, und die Rundreise kann auch in der entgegengesetzten Richtung gemacht werden. Grundsätzlich kann diese Exkursion zu jeder Jahreszeit ausgeführt werden, besonders lohnenswert ist sie aber an einem Frühlings- oder Herbsttag, wenn gute Sichtverhältnisse herrschen. Im Hochwinter ist Winterausrüstung empfohlen.

Emanuel Büchel: Ruine Rifenstein und Kirche von Reigoldswil. Ausschnitt aus dem Kupferstich von 1756

Route:
Reigoldswil – Liedertswil – Oberdorf – Waldenburg – Langenbruck – Kloster Schönthal – Langenbruck – Mümliswil – Ramiswil – Heilig-Blut-Kapelle – Alpenblick – Passwangtunnel (Abstecher zur Bergwirtschaft Ober-Passwang und zu Fuss zum Passwang-Gipfel) – Neuhüsli – Kloster Beinwil – Lange Brücke – Erschwil – Ruine Thierstein – Büsserach – Fehren – Meltingen – Zullwil – Nunningen – Bretzwil – Lauwil – Reigoldswil.

Länge: ca. 75 km

Vom Reigoldswilertal ins Waldenburgertal

Ausgangspunkt ist der weite Dorfplatz von Reigoldswil, der diese Gestalt erst 1960 nach dem Abbruch einer kurzen Häuserzeile und der Überdeckung der Frenke erhalten hat. Hier ist der Endpunkt der Buslinie Basel–Liestal–Reigoldswil und Ausgangspunkt der Querlinien nach Bretzwil und nach Oberdorf. Die um den Platz angesiedelten Gasthöfe, Geschäfte und

Jakob Probst: Kentaur. Gipsrelief am Geburtshaus des Bildhauers

anderen Dienstleistungsbetriebe lassen die Bedeutung von Reigoldswil als regionales Zentrum erkennen. Auf der Westseite des Dorfplatzes (Haus Nr. 15) findet sich das Geburtshaus des berühmten Schweizer Bildhauers Jakob Probst (1880–1966), von dem an verschiedenen Orten im Dorf (u. a. in der Dorfkirche, auf dem Friedhof, bei der Schule und beim Gemeindezentrum) Proben seines Schaffens besichtigt werden können. (Zu Reigoldswil siehe auch S. 89 ff.)

Wir verlassen den Dorfplatz auf der sofort ansteigenden Strasse in Richtung Oberdorf und fahren vorbei am rechts der Strasse dominierenden Gehöft «Auf Feld» (Sitz der historischen Ortssammlung). Am Dorfausgang erkennen wir in östlicher Richtung die auf einem Felsen vorhandenen Überreste der Ruine Rifenstein. Die im 12. und 13. Jahrhundert bewohnte Burg war schon vor dem grossen Erdbeben von Basel (1356) zerfallen. In den Jahren 1933–36 wurde die Ruine restauriert. Am Fuss des Burgfelsens findet sich ein kleiner Weiher (Naturschutzgebiet), an dessen Ufer die Plastik «Der Sämann» von Jakob Probst aufgestellt ist.

Auf der kurvenreichen Weiterfahrt schöne Blicke über das Dorf gegen den Faltenjura mit den überall erkennbaren Einzelhöfen. Auf dem Sigsfeld, der Wasserscheide zwischen der Hinteren und der Vorderen Frenke, rechts Abzweigung des Fahrwegs auf die Wasserfallen (Bergwirtschaft) und kurz danach links die Strasse nach den Bergdörfern Titterten und Arboldswil. Wir folgen der Strasse nach dem kurz danach sichtbar werdenden Dorf Liedertswil. Die aus einer Gruppe von Einzelhöfen entstandene Siedlung wird im Dialekt landläufig «Tschoppehof» genannt, was auf einen Durs Tschopp zurückgeht, der um 1530 den Hof besass. Liedertswil ist Heimatort von Jakob Degen (1756–1848), der als Flugpionier in Paris und Wien für Aufsehen sorgte und ein revolutionäres Banknotendruckverfahren entwickelte. Dem Weigistbach folgend, gelangen wir nach Oberdorf. Am Südhang des Dielenbergs erken-

Liedertswil

Liedertswil auf einer alten Postkarte (um 1900). Das auf den beiden Fotografien sichtbare Glockentürmchen befindet sich heute als Dachreiter auf dem St.-Hilar-Chilchli von Reigoldswil.

nen wir einen der höchstgelegenen Rebberge der ganzen Nordschweiz. Oberdorf ist Standort verschiedener Industriebetriebe, insbesondere im Bereich von Feinmechanik und Medizintechnik, und erfüllt mit zahlreichen Dienstleistungsbetrieben eine Zentrumsfunktion im Waldenburgertal. Unterhalb des Dorfes steht die alte Talkirche St. Peter, in deren Nähe sich zudem die konservierten Fundamente der frühmittelalterlichen St.-Michaels-Kapelle befinden. Gleich bei der Traversierung der Schienen der Waldenburgerbahn (Spurweite: 75 cm) biegen wir nach rechts ab und folgen den Geleisen durchs Dorf vorbei am Ueli-Schad-Brunnen (von Fritz Bürgin), der seit 1953 an einen der Wort- und Kriegsführer des schweizerischen Bauernkriegs von 1653 erinnert. Am Dorfende erkennen wir auf der gegenüberliegenden Seite der Frenke die grossen Gebäude des ehemaligen Bades, wo ein mineralreiches Wasser über Jahrhunderte genutzt wurde. Die Liegenschaft diente ab 1872 für einige Zeit auch als Bierbrauerei (sie gehörte um 1890 einem Braumeister Westermeier aus Nürnberg), und im Jahre 1908 wurde hier die «Mineralquelle Jura» eröffnet, die Tafel- und Süsswasser produzierte. Seit dem Konkurs des Unternehmens 1951 fliesst das Wasser, eines der mineralreichsten im Jura, wieder in den Bach.

Kurz danach grüsst vom Rehhag die stolze Schlossruine Waldenburg und kündet das gleichnamige Städtchen an, welches in die hier vorhandene Klus eingebaut ist und zur Sicherung des Verkehrs über den Oberen Hauenstein diente. Das Städtchen Waldenburg ist Bezirkshauptort und Endstation der Waldenburgerbahn. Am südlichen Ende des gut erhaltenen mittelalterlichen Stadtkerns findet sich das Obertor (siehe auch S. 104 ff.). Wir verlassen das von den Froburger Grafen gegründete Städtchen auf der gut ausgebauten Hauensteinstrasse, wo wir dank einer gleich folgenden Serpentine an Höhe gewinnen und nach Westen einen Blick in die Geländekammer in Richtung Waldweide erhalten. Den alten Passweg, der in der ersten Kurve ausgangs Waldenburg zunächst noch im Talboden verläuft, schneiden wir beim Restaurant «zum Obern Hauenstein». Nach etwa 750 m fahren wir am Hofgut Spittel vorbei, das wie alle alten, im Bann der Gemeinde Langenbruck gelegenen Einzelhöfe nördlich der Linie Helfenberg–Chräiegg–Erzenberg zum Gut des Klosters Schöntal gehörte, das eine Fläche von 756 ha umfasste. Nach der Reformation kam das Gut an die Stadt Basel, welche die Höfe z. T. verpachtete und zum Teil sofort verkaufte. Unter den letzteren war auch der Spittel, der zwischen 1944 und 1988 der Pensionskasse der Schweizerischen Reederei und Neptun AG gehörte. Die Lage an der Passstrasse, archäologische Funde und der Name (von lat. hospitalis = gastlich, gastfreundlich) belegen ein hohes Alter dieses Siedlungsplatzes, der vermutlich schon vor der Gründung des Klosters Schöntal als Ort einer Herberge für Passreisende mit Kapelle gedient hat. Nach dem Durchfahren der Geländekammer mit der Hoflandschaft von Dürrenberg und Bilstein lohnt es sich, kurz vor der Verengung zwischen Helfenberg und Chräiegg einen Halt einzuschalten (Parkplatz), um zu Fuss ein in den Felsen eingehauenes, 20 m langes Wegstück mit Radspuren zu besichtigen. Diese Passage ist sicher von hohem Alter, aber es wird neuerdings bezweifelt, ob sie in die Römerzeit zurückreicht.

Von Klosterleuten und Skispringern

Nach dem Passieren der Klus gelangen wir zur Passhöhe (751 m), in deren Nähe sich früher – wie auch beim Hof Weihermatt – ein künstlicher Weiher befand, der zur Fischzucht

Waldenburg: Mittelalterliches Städtchen und neuzeitliche Gebäude der Uhrenindustrie

und zum Sammeln von Wasser genutzt wurde, welches dann abgelassen wurde, wenn man Holz die Frenke hinunter flössen wollte. Das gleich nach der Passhöhe beginnende Dorf Langenbruck hat seinen Namen von einem mittelalterlichen Holzbohlenweg, einer «langen Brücke», der den schweren Fuhrwerken als Fahrweg durch den früher hier nassen Untergrund diente. Mit 708 m ist Langenbruck die höchstgelegene Dorfsiedlung im Kanton Basel-Landschaft; lediglich der an der Strasse nach Hägendorf (via Tüfelsschlucht) gelegene, dazugehörende Weiler Bärenwil liegt mit 778 m noch etwas höher. Dass die Langenbrucker einst nicht nur von der Alpwirtschaft und vom Passverkehr gelebt hatten, beweist die 1997 gemachte, geradezu spektakuläre Entdeckung eines Hochofens unterhalb des Ausflugsrestaurants Dürstel. Bei den ausgegrabenen Überresten, wo eine grobe Datierung einiger geborgener Gegenstände in den Zeitraum zwischen 1027 und 1296 verweisen, dürfte es sich um eine der ältesten in Europa nachgewiesenen Anlagen handeln. In der Nähe des Hochofens, der aufgrund der Mächtigkeit der Mauern mehrere Meter hoch gewesen sein muss, sind schon früher kleine Abbaustollen, etwa 300 Kubikmeter Schlacken und beachtliche Holzkohleschichten entdeckt worden. Die mittelalterliche Schürfung und Verarbeitung von Bohn- und Doggererz steht mit grösster Wahrscheinlichkeit in enger Beziehung zum nahen Kloster Schöntal, zumal Klöster damals bezüglich technischer Innovation führend waren.

Für Langenbruck, das ab dem 13. Jahrhundert in immer stärkerem Masse vom Passverkehr zu profitieren begann, brach ab 1838 eine neue Ära an: Es entwickelte sich zu einem

Erzbergbau im Jura

bedeutenden Luftkurort; der sich im 20. Jahrhundert zudem zu einem Zentrum für den Wintersport mit Anlagen für den alpinen und den nordischen Skisport entwickelte. Nachweislich wurde hier 1893 erstmals Ski gefahren.

Langenbruck darf auch ohne Übertreibung als Wiege des modernen Skisprungs bezeichnet werden, hat doch der Waldenburger Ingenieur Reinhard Straumann (1892–1967), in jungen Jahren selbst ein begeisterter Skispringer, der von fürchterlichen Stürzen nicht verschont geblieben ist, an der Erika-Schanze im Jahre 1920 jene Erkenntnisse gewonnen, welche zum modernen und sicheren Skisprung und Skiflug führten. Nach Straumanns wissenschaftlichen Berechnungen wurde 1926 die Erzenberg-Schanze gebaut, welche dreissig Jahre später – nach neuen Messungen von Straumann im Windkanal – so umgestaltet wurde, dass sie seinerzeit die grösste Schanze in der Schweiz war und dem legendären Engadiner Skispringer Andreas Däscher einen Sprung von 84 Metern gestattete. Mit diesem nach den Weisungen von Straumann absolvierten Sprung in ruhiger Vorlagehaltung, die Arme nach hinten haltend, wurde die Aerodynamik in das Skispringen definitiv eingebracht. Damit begann das Zeitalter des Skispringens, eine Disziplin, in der später die Schweiz mit dem Toggenburger Walter Steiner schöne Triumphe feiern sollte. Die Erika- und die Erzenberg-Schanze sind verschwunden, wenn auch im Gelände noch sichtbar. Verwendung finden dagegen die drei Schanzen am Nordhang des Bachtelenberges, wo nach Möglichkeit in jeder Wintersaison eine nationale oder gar internationale Meisterschaft durchgeführt wird und den Namen Langenbruck als Schanzendorf fortwährend in die Sportwelt hinausträgt. An der Organisation dieser sportlichen Anlässe engagieren sich übrigens gleichermassen die Ski-Klubs von Langenbruck und von Mümliswil; der Dritte im Bunde ist der Nordwestschweizerische Skiverband.

Langenbruck ist auch mit einer anderen Persönlichkeit untrennbar verbunden: mit dem Flugpionier Oskar Bider (1891–1919). Der Aviatiker Bider, er hatte 1912 bei Blériot eine Flugausbildung erworben, überflog im Januar 1913 als erster die Pyrenäen und am 13. Juli 1913 als erster heil die Alpen. Auch der erste Passagierflug über die Alpen ist sein Verdienst. Er war an vorderster Front beschäftigt mit dem Aufbau der schweizerischen Fliegertruppe, wo er es bis zum Chefpiloten und Oberleutnant brachte. Nach Ende des Ersten Weltkrieges beschäftigte er sich mit dem Aufbau der privaten Fluggesellschaft Ad Astra (Vorgängerin der Swissair). Am frühen Morgen des 7. Juli, bevor er nach Varese reisen wollte, um das erste Flugboot für die Ad Astra abzuholen, stürzte er bei einem privaten Akrobatikflug auf das Gelände des Dübendorfer Flugplatzes ab. Zwei Tage später wurde er gemeinsam mit seiner Schwester, welche vom Schmerz über seinen Tod überwältigt Selbstmord beging, auf dem Friedhof Langenbruck beigesetzt. Das Grab wird seit 1984 von der Gemeinde unterhalten.

Kloster Schöntal: Das Lamm Gottes am Türsturz

Ein Besuch in Langenbruck, das seit 1979 auch das bekannte Ökozentrum (Stiftung für angepasste Technologie und Sozialökonomie) beheimatet, sollte nicht ohne einen Abstecher zum Kloster Schöntal abgeschlossen werden. Kurz vor dem behäbigen Gasthof Bären (Wegweiser) führt uns die Fahrstrasse zu den ehemaligen Klostergebäulichkeiten in einer Abgeschiedenheit, die uns noch heute nachvollziehen lässt, was die Gründer hierher gezogen hat. Trotz späteren Ergänzungen und Umbauten ist die frühere Klosteranlage noch deutlich zu erkennen. Das Kernstück der Anlage ist die ehemalige Klosterkirche mit ihrer fast reinen Westfassade, welche als früheste und einzige in ihrem romanischen Baubestand noch weitgehend erhaltene Kirche der gesamten Nordwestschweiz gilt. Zum geheimnisvollen Bildprogramm schrieb der vormalige kantonale Denkmalpfleger Hans-Rudolf Heyer: «Es versinnbildlicht mit dem Kampf zwischen Gut und Böse den Gedanken des Jüngsten Gerichts, der durch das ganze Mittelalter hindurch die Christenheit in Atem hielt. Die Erlösung in diesem Kampf bringt das auf dem Sturz dargestellte Lamm Gottes, so dass man nicht fehl geht, der Inhalt der Darstellung als eine Abkürzung des Jüngsten Gerichts, wie es auf grossen Portalen in aller Breite dargestellt ist, zu bezeichnen.»

Das heute im Privatbesitz befindliche Kloster wurde 1145 durch Adalbero von Frohburg auf seinem Grundeigentum gegründet. Bewohnt wurde es zunächst von Mönchen, die nach der Regel des heiligen Benedikt zu leben hatten. Ab 1266 wurden die Mönche durch Nonnen abgelöst, die nach den selben Regeln lebten. Nach einer vorübergehenden Blüte muss das Kloster bereits um 1400 herum ein Bild des Zerfalls geboten haben. So ging es 1415 an den Orden der Servitenmönche über und wurde eine Filiale des Klosters Germersheim bei Speyer. Das Kloster blühte nochmals auf und wurde auch zu einem bedeutenden Wallfahrtsort, der all jenen Ablass ihrer Sünden bot, welche nach Bekennung und Bereuung ihrer Sünden das Kloster aufsuchten oder es mit Gaben bedachten. Die sechs Altäre, von welchen jeder einem Heiligen geweiht war, bargen unzählige, heutige Katholiken bestimmt seltsam anmutende Reliquien, welche zum Teil wenigstens Mitbringsel der Kreuzfahrten von frohburgischen Adeligen waren. Der grösste Festtag im Schöntaler Kirchenjahr war der 1. Mai, der Tag der Kirchweihe. Und exakt an diesem Tag, im Jahre 1525, brach auch das Ende des Klosters an, als in reformatorischer Erregtheit, vermischt mit politischen und sozialen Spannungen, das Kloster durch Einheimische gestürmt, geplündert und verwüstet wurde. In der Folge verschwanden die Mönche, und das klösterliche Leben erlosch. Mit der Basler Reformation vom 1. April 1529 wurde das Kloster auch de jure aufgehoben, und der Besitz fiel an das Basler Spital. Zwischen 1568 und 1590 diente die Kirche nochmals als Gotteshaus – als Ersatz für die abgebrannte Johanneskapelle in Langenbruck. Ab 1645 fand die Klosterkirche sogar während einigen Jahrzehnten als Ziegelhütte Verwendung, ansonsten wurde das Gebäude bis in die Gegenwart hauptsächlich als Magazin für landwirtschaftliche Geräte genutzt; seit 1952 ist im Obergeschoss der Kirche eine Wohnung für den Besitzer des Hofgutes eingerichtet. Die Ländereien werden in Pacht bewirtschaftet.

Nach diesem Abstecher folgen wir dem in Richtung Aare entwässernden Schöntalbach zurück nach Langenbruck und hinauf zur Passhöhe, wo wir links auf die Fahrstrasse in Richtung Mümliswil einbiegen. Wo sich jetzt linkerhand ein Areal mit Wohnmobilheimen befindet, stand bis 1981 das Kurhaus Langenbruck; es war 1873/74 im mondänen Stil der Zeit errichtet worden und erfreute sich insbesondere bis zum ersten Weltkrieg eines grossen Zulaufs. Die nachfolgenden Jahrzehnte bis zum Abbruch waren dagegen eher wechselhaft.

Wegkreuz auf der Breitenhöchi, datiert 1666

Im Tal der Kammacher und Spielkartenhersteller

Wir folgen der sanft ansteigenden Strasse durch die Bachtelenmulde, ein Quellgebiet der Vorderen Frenke. Bald nach den letzten Häusern sehen wir links am Nordhang des Bachtelenberges die Sprungschanzenanlage. Kurz danach kommen wir am Wirtshaus und Hofgut Bachtelen vorbei, das zwischen etwa 1895 und 1935 als Kurhaus betrieben wurde. Wenig später erreichen wir die Breitenhöchi (847 m). Der an der Strasse stehende Grenzstein von 1825 und die Tafel «Auf Wiedersehen im Baselbiet» machen uns kund, dass wir hier die Kantonsgrenze Basel-Landschaft/Solothurn queren. Und noch eine andere Grenze, nämlich die Konfessionsgrenze, wird hier überschritten und gleich erkennbar an einem katholischen Brauch, an einem Wegkreuz von 1666, das sich nur wenige Meter von der Grenzlinie entfernt befindet. Als Sockel des Kreuzes dient ein runder Granitblock, vermutlich ein erratischer Block

Blick von der Breitenhöchi in die Geländekammer von Mümliswil-Ramiswil

(Findling). Von diesem Punkt aus, wo auch eine vom Verkehrs- und Verschönerungsverein Langenbruck (!) gestellte Ruhebank beim Kreuz zum Sitzen einlädt, haben wir gegen Osten freien Blick zurück über die Region Langenbruck und weiter gegen die Jurahöhen um die Belchenflue. Und wir haben ebenso einen grandiosen Blick frei in die kahnartige Mulde des Guldentales, in das Tal von Mümliswil-Ramiswil. Was wir von hier aus in westlicher Richtung sehen, nördlich begrenzt von der Passwangkette, südlich von der Brunnersbergkette und am westlichen Horizont vom Matzendörfer Stierenberg (im Bereich des Scheltenpasses), ist weitestgehend Gebiet der Gemeinde Mümliswil-Ramiswil. Dieses Territorium einer einzigen Gemeinde überblickend, überrascht wohl kaum die Angabe, dass Mümliswil-Ramiswil mit 3549 ha die grösste Gemeinde des Kantons Solothurn ist und damit flächenmässig etwa gleich gross wie der Kanton Basel-Stadt.

Unsere Fahrt führt uns am Fuss der Helfenbergflue vorbei an den Höfen Breiten und Sebleten hinunter nach Mümliswil. Auffallend sind die im Dorfkern vielfach zusammengebauten Häuserzeilen, welche dem Ort einen fast städtischen Charakter verleihen. Als Beispiel für den Einfluss der Baselbieter Bauweise gilt der Gasthof Ochsen, während das «Kreuz» über den steilen «Balsthaler Giebel» verfügt. Wie im kleinen Museum im Bürgerhaus unweit des Restaurants Limmernschlucht zu erfahren ist, gab früher eine Kammacherei vielen Menschen Arbeit und Brot (siehe S. 162 ff.). Die Fabrikgebäude des 1990 stillgelegten Unternehmens befinden sich am südlichen Dorfende, an der Strasse gegen Balsthal. (Am südlichen Aushang der kurz danach beginnenden Klus steht auf einem zerklüfteten Felssporn die Ruine Neu-Falkenstein, deren Ursprünge vermutlich ins ausgehende 11. Jahrhundert zu datieren sind.

Ruine seit dem Einmarsch der Franzosen 1798. Am Fuss der Burg kleiner Weiler mit der Kapelle St. Wolfgang, zu der früher auch viel gewallfahrtet wurde.)

Wer in Mümliswil einen Halt einschalten möchte, dem ist auch ein Besuch der geräumigen Dorfkirche empfohlen: Die rechte Seitenkapelle (urspr. der Chor der alten Kirche) enthält den frühbarocken St.-Wendelins-Altar aus der Zeit um 1620. Unter den Einzelstatuen zu entdecken ist in der Kirche u. a. eine bemerkenswerte St. Anna selbdritt (um 1580).

In Mümliswil wurde seit dem 16. Jahrhundert und bis in die Mitte des 19. Jahrhunderts Papier hergestellt. Seine Existenz hat bewirkt, dass im 18. Jahrhundert und noch bis um 1865 in Mümliswil eine Spielkartenfabrikation existierte. In die Kartenmacherei teilten sich zwei Familien: die Jäggi und die Schär. Während erstere die Spielkartenherstellung neben der Landwirtschaft betrieben, waren die Schär hauptberuflich mit Kartenmachen und -vertrieb beschäftigt. Und diese Produktion war keineswegs gering. So waren in ihrem Betrieb um 1836 rund 20 Personen damit beschäftigt, jährlich einen ungefähren Ausstoss von 15 000 Dutzend Kartenspielen zu realisieren. Der Produktionsstandort der Familie Schär war übrigens das «Herrenhäuschen» in der Gemeindefraktion Reckenchien.

Und noch ein Handwerk wurde eine Zeitlang im Dorf ausgeübt: die Posamenterei. Sie kam 1865 auf und beschäftigte um 1900 im Dorf 158 Personen. Sie arbeiteten wie die Baselbieter Nachbarn für die Basler Seidenherren, denen die Erzeugnisse zu Fuss über die Wasserfallen und weiter auf dem Baselweg in die Stadt gebracht wurden.

Blick ins hintere Guldental

Wir verlassen das Dorf in westlicher Richtung, wo wir kurz vor Ramiswil linkerhand eine imposante Mühle, erbaut 1596, entdecken, welche durch die kraftvoll gemalte Fassadenmalerei auffällt. Nach dem Durchqueren von Ramiswil, das zur Hauptsache aus einigen um die Pfarrkirche St. Nikolaus (jetzi-

Drei Karten von einem Tarotspiel, hergestellt von Bernhard Schär, Mümliswil

Die Kammfabrik von Mümliswil. Ausschnitt aus einer Postkarte, um 1910

Die Mühle von Ramiswil wurde 1596 erbaut.

An der Passwang-Strasse: die Heilig-Blut-Kapelle und das auf dem Vorplatz stehende Kruzifix

ger Bau von 1869) gruppierten Liegenschaften (darunter Pfarrhaus, Schule, Post, Käserei und Wirtschaften) besteht, gelangen wir an eine Strassengabelung. Links geht es weiter ins obere Guldental und über den Scheltenpass ins Val Terbi und nach Delémont. Das Tal soll seinen Namen vom edlen Gold haben, das man hier aus dem Bach gewaschen hat. Ein anderes Gewerbe, das im Guldental betrieben wurde, war die Glasmacherei. Zwischen 1777 und etwa 1850 wurde unweit des Hofes Hint. Guldental eine Glashütte betrieben. Als Glaser wirkten Mitglieder der Familie Gressly, welche ursprünglich aus der Franche-Comté stammte, aber in Gänsbrunnen angesiedelt war. Da die Glasöfen jeweils nach einem halben Jahr ausgebrannt waren und neu gebaut werden mussten, betrieb man seit 1785 in Bärschwil eine zweite Glashütte. So waren die Glaser im Sommer im Guldental tätig, während die Hafner die Öfen in Bärschwil in Ordnung brachten. Aufs Winterhalbjahr wechselte man jeweils in die Hütte an der Birs, während nun die Hafner im Guldental tätig wurden. Den gleichen Wechselbetrieb pflegte die Familie Gressly auch zwischen den von ihnen ebenfalls betriebenen Glashütten in Waldenstein (beim Neuhüsli, Gde. Beinwil) und in Roches bei Moutier. Aus naheliegenden Gründen war der Wechselbetrieb zeitweise zwischen dem Guldental und Waldenstein erfolgt, wobei die Glaser den Weg über das Chratteneggli nahmen. In den besten Zeiten beschäftigte ein solcher Wechselbetrieb gegen 80 Menschen, die weisses Tafelglas von bemerkenswerter Qualität herstellten.

Unser Weg führt uns nun aber nicht zu den hier kaum wahrzunehmenden Spuren der Glasmacherei, sondern wir wählen bei der erwähnten Gabelung die nach rechts führende, gleich ansteigende Strasse, welche uns in mehreren Serpentinen zum Passwang-Tunnel hinaufführt und uns unterwegs wiederholt eine schöne Panoramasicht gewährt. Kurz vor dem Hofgut Vorder-Beibelberg kommen wir an der Heilig-Blut-Kapelle vorbei. Der 1974 eingeweihte Bau enthält interessante Plastiken und Fenster und zeigt an der Aussentüre die Mariasteiner Madonna.

Mit dieser Postkarte wurden 1917 vom Ober-Passwang Grüsse geschickt

Zum Passwang

In der letzten Kurve findet sich das Restaurant Alpenblick, von wo aus bei guter Sicht ein zauberhaftes Panorama genossen werden kann. Unmittelbar beim Südportal des Passwang-Tunnels (siehe S. 65 ff.) erreichen wir bei der Quote 943 m den höchsten Punkt unserer Rundfahrt. Gleich beim nördlichen Ausgang des Portals, das in der glatten Zingelenwand liegt, empfiehlt sich ein Abstecher auf den Passwang-Gipfel. In diesem Falle dem hier links abzweigenden Fahrweg bergan folgen bis zu einem der Parkplätze oder bis zur Bergwirtschaft Ober-Passwang. Von hier aus geht es zu Fuss der gelben Wanderwegmarkierung folgend weiter auf die Passwangkrete (1204 m). Vom flachen Gipfel aus lässt sich ein hervorragendes Rundpanorama geniessen: Unser Blick über das bewegte Jurarelief schweift übers Mittelland zu den Alpen und über die Nordwestschweiz zu den Vogesen und zum Schwarzwald.

Das Stucketen-Chäppeli und die darin aufgestellte Darstellung von Christus an der Säule – eine einfache, aber eindrucksvolle ländliche Arbeit

Nachdem wir die Aussicht genossen haben, kehren wir denselben Weg bis zum Passwangtunnel zurück und fahren dann geradeaus weiter bergabwärts. Die Strasse folgt hier – übrigens bereits ab Pt. 1001 – dem jahrhundertealten Trassee der Passwangstrasse. Im Bereich Stucketen erwarten uns einige Strassenkurven. Kurz zuvor haben wir nebenbei die Bezirksgrenze Thal/Thierstein überquert, welche hier also nicht der Wasserscheide folgt. Das relativ ebene Stück vor dem Beginn der Kurven wird «Franzosenboden» geheissen und ist der Ort, wo solothurnisches Militär einen Vorstoss französischer Truppen erfolgreich abwehren konnte, allerdings ohne nachhaltige Wirkung (siehe S. 65). An dieses Gefecht soll auch das mit Holzschindeln gedeckte Stucketen-Käppeli erinnern, das am hier gut sichtbaren alten Passwang-Weg in einer Schlaufe der modernen Strasse steht.

Vom Käppeli aus lässt sich ein eindrücklicher Blick in die Geländekammer von Beinwil werfen. Wie schon im Falle unserer Aussicht von der Breitenhöchi (zwischen Langenbruck und Mümliswil) gilt auch hier: So weit das Auge reicht, gehört alles zur gleichen politischen Gemeinde, und zwar bis zur Hohen Winde und dem Hof Trogberg an der Sprachgrenze. In der Tat ist Beinwil, ein ausgesprochenes Einzelhofgebiet, nach Mümliswil und Grenchen mit 2261 ha flächenmässig die drittgrösste Gemeinde im Kanton Solothurn. Das heutige Gemeindegebiet deckt sich übrigens mit der früheren Abtkammer des ehemaligen Benediktinerklosters Beinwil. Die rechtliche Sonderstellung dieses Gebietes führte zu andauernden Reibereien mit dem Stand Solothurn als Landesherr. Dieser Zwistigkeiten überdrüssig, veräusserte das Kloster Beinwil-

Mariastein 1774 die Kammerrechte an Solothurn, aber eine seinerzeit erwogene Umwandlung der Abtkammer in eine Gemeinde kam erst 1818 zustande.

Unsere Fahrt führt uns rasch hinunter gegen das Gast- und Kurhaus Neuhüsli. Noch bevor wir zu diesem imposanten Gebäude kommen, verdient die durch ihre Bauform und Verschindelung von Wänden und Dach auffällige Breiti-Scheuer unsere Beachtung. Der mit einem Walmdach versehene Holzständerbau ist das letzte Beispiel dieser Art im solothurnischen Jura.

Abstecher ins Birtis

Das Neuhüsli im jetzigen Baubestand ist 1836 errichtet worden; der Vorgängerbau entstand im Zusammenhang mit der Neuanlage der Passwangstrasse um 1730. Das Gasthaus diente nicht nur den Kurgästen und den Passanten, sondern in der ersten Hälfte des 19. Jahrhunderts wohl auch den Glasmachern der Glashütte der Familie Gressly, die bei Waldenstein im vorderen Bogental stand. Dort mündet auch das Tälchen ein, wo sich zuhinterst in einem Kessel das Hofgut Hinter Birtis befindet. Im Wohnhaus befand sich die längst profanierte St.-Fridolins-Kapelle, von der äusserlich nur noch wenig sichtbar ist. In diesem abgeschiedenen Hofgut soll sich angeblich David Joris, das Haupt einer niederländischen Täufergruppe, vorübergehend aufgehalten haben. Der in Brügge um 1500 geborene «Erzketzer» führte bis zu seinem Tode in Basel (1556) ein vornehmes Leben. Tatsächlich war der Hof 1555 von drei holländischen Männern gekauft worden, über deren Gelehrtheit sich der letzte noch im Kloster Beinwil lebende Klosterpater mächtig freute. Entsprechend gross war der Schock, als nach einigen Jahren deren Zugehörigkeit zum Täufertum bekannt wurde. Bis ins 17. Jahrhundert hinein machten noch wiederholt Täufer im oberen Lüsseltal von sich reden. So wurde z.B. 1629 eine Familie Jecker auf Birtis der Täuferei verdächtigt.

Die Breiti-Scheuer mit dem auffälligen Walmdach

Das Gast- und Kurhaus Neuhüsli an der Passwang-Strasse

Bei Hinter Birtis, aber schon auf Nunninger Boden, findet sich eine Höhle, wo vermutlich über Jahrhunderte der heilige Fridolin verehrt wurde. Leider ist die um 1680 geschaffene, volkskünstlerisch interessante Holzstatue des heiligen Fridolin mit dem Skelett seit 1950 spurlos verschwunden. Wer diesen Ort, zu welchem noch vor Jahrzehnten vor allem die Leute aus Nunningen gepilgert sind, heute aufsucht, wird das Gefühl nicht los, dass er sich hier an einem Kraftort und bei einem uralten Quellheiligtum befindet. Es soll übrigens einst auch von einem Waldbruder betreut worden sein.

An dieser Stelle wichtig ist der folgende Hinweis: Die Strasse vom Neuhüsli in den Birtis und über den Nunningenberg (mit einer St.-Wendelins-Wallfahrtskapelle) nach Nunningen ist nur für Anlieger geöffnet. Wer also das Bogental erkunden möchte, ist gehalten, das Auto beim grossen Parkplatz hinter dem Neuhüsli abzustellen.

Das alte Benediktinerkloster Beinwil liegt auf einer kleinen Terrasse über der Lüssel.

Kloster Beinwil

Nach unserem ausgiebigen Halt im Neuhüsli fahren wir nun durch «s Beibel» hinunter. Bei der Örtlichkeit «Schachen» zweigt der alte Passweg über das Chratteneggli ins Guldental ab. Beim hochgelegenen Gehöft Unter Chratten wird eine im Erdbeben von Basel (1356) abgegangene Burg vermutet, welche zum Schutze des Passüberganges gedient habe.

Wir aber folgen der Lüssel und dem bald danach sichtbar werdenden Wegweiser zum Kloster Beinwil. Die Anlage mit der Klosterkirche, dem Konventgebäude und verschiedenen Ökonomiegebäuden sowie einer Friedhofkapelle liegt auf einer kleinen, sonnigen Terrasse. Wie auch archäologische Funde bestätigen, entstand das Kloster noch vor 1100 auf Anregung des regionalen Adels auf dem Eigen der Grafen von Saugern (Soyhières). Die Gründung bezweckte zweifellos die Sicherung von Familiengut und die Erschliessung von Rodungsland. Auf die Rodungstätigkeit verweisen auch verschiedene Flurnamen wie z. B. Schwang oder Schwängi, wo das Gehölz durch Entrinden abgedorrt und dann durch Feuer zum Verschwinden gebracht wurde. Inwieweit bei dieser Rodungstätigkeit, die sich wohl durch das ganze Mittelalter fortsetzte, auch Walser mitwirkten, ist nicht mehr zu erhellen. In der Tat gibt es gewisse Hinweise, dass im Rahmen der Walserwanderung, dieser späten «Völkerwanderung» durch die Alpen, gewisse Auszüger ins Gebiet vom Solothurner und Baselbieter Jura gelangten und beispielsweise am Passwang ein eingerodetes Lehengut bewirtschafteten.

Der erste Beinwiler Konvent bestand aus acht Mönchen mit Abt Esso an der Spitze, die aus dem Reformkloster Hirsau im Schwarzwald ins Lüsseltal gesandt wurden. Als Patron der Klosterkirche erschien in der ersten urkundlichen Erwähnung des Klosters (1147) Allerheiligen, aber bereits fünf Jahre spä-

Abtstab von Beinwil, um 1100 (Zeichnung von Gottlieb Lörtscher)

ter auch der Märtyrerdiakon Vinzenz von Saragossa. Um 1200 muss in dem stets kleinen Kloster ein reges geistiges Leben geblüht haben. Es gab eine Schreibschule und eine grossartige Bibliothek, deren Verzeichnis sich erhalten hat. Aber spätestens im 15. Jahrhundert setzte ein letztlich unaufhaltsamer Niedergang ein mit materieller Not, kriegerischen Überfällen und Brandschatzungen. Mitte des 16. Jahrhunderts erlosch sogar das klösterliche Leben, doch ab 1590 erreichte Solothurn eine Wiederbesiedlung durch Mönche aus Einsiedeln und Rheinau. Unter Abt Fintan Kieffer gelang 1648 die schon länger angestrebte Verlegung des Konvents an den Wallfahrtsort Mariastein. Im Kloster Beinwil, das in der Folge gründlich umgebaut und barockisiert wurde, verblieben ein Statthalter als Ökonom und verschiedene Patres, welche ihnen unterstellte Pfarreien als Seelsorger betreuten.

1874 hob der Kanton Solothurn das Kloster Mariastein auf. Damit gingen alle seine Besitzungen verloren: Kirche und Konventgebäude kamen an die röm.-kath. Kirchgemeinde Beinwil und die Klostergüter in Staatseigentum, während die Landwirtschaft und das nach einem Administrator so genannte «Spiesshaus» (erbaut 1594) in Privathand gelangten. Aber es sollte noch schlimmer kommen: Kurz vor Abschluss einer 10jährigen Renovation der Klosterkirche brach am 4. August 1978 ein Brand aus, welcher das Gotteshaus mit allen Altären, der Kanzel, der bemalten Holzdecke und vielen Statuen sowie das erste Obergeschoss des Konventgebäudes zerstörte. Eine darauf durch den Bischof von Basel, Anton Hänggi, und den Abt von Mariastein, Mauritius Fürst, ins Leben gerufene Stiftung sorgte für die Instandstellung der Kirche und für die Renovation der Klostergebäude. Bei der jetzigen Ausstattung der

Ein Zeugnis der grossartigen Klosterkultur von Beinwil: Zierbuchstabe T aus dem Beinwiler Missale. Frühes 13. Jahrhundert

Kirche wurde – mit Ausnahme der Kanzel (auf ausdrücklichen Wunsch der Kirchgemeinde) – auf eine Rekonstruktion des alten Kirchenmobiliars verzichtet. Statt dessen erwarb man Originalstücke aus der Barockzeit und konnte so eine geglückte Wiederherstellung des Sakralraumes erreichen, wie er seit 1668 bestanden hatte. Der jetzige Hauptaltar stammt übrigens aus Bellwald VS und die Seitenaltäre im Schiff sind aus Le Noirmont JU.

Vom Brandunglück verschont blieb der in der Schweiz einzigartige und eindrückliche Holzkreuzgang im Konventgebäude, das seit 1982/83 der «Ökumenischen Gemeinschaft Kloster Beinwil» zur Verfügung steht. (Der Kreuzgang kann nur auf vorherige Anfrage besichtigt werden.) Die Kommunität mit 1994 kirchlich anerkannten Statuten ist ein Ort der Versöhnung und versucht die Einheit nach den Weisungen des Evangeliums und nach der benediktinischen Mönchsregel zu leben. Seit 1992 nimmt die Gemeinschaft auch Frauen auf, die im ehemaligen Schulhaus ihre Klausur haben. Dieses Gebäude dient zudem auch als Gästehaus für Menschen, welche sich für einige Zeit nach Beinwil als ein Ort der Stille zurückziehen und das klösterlich-kontemplative Leben für sich entdecken möchten.

Ein Aufenthalt in der Klosteranlage sollte auch einen Besuch des kleinen Klostermuseums im alten Ökonomiegebäude (tagsüber offen) und der St.-Johannes-Kapelle beim Friedhof einschliessen. Das 1695 erbaute Gotteshaus steht vermutlich am Ort einer frühmittelalterlichen Kapelle, welche dem heiligen Fridolin geweiht war. Der interessante Barockraum mit der bemalten Holzdecke erinnert stark an das Innere der Klosterkirche. Dazu trägt auch die nahe Verwandtschaft der beiden Kanzeln bei. Das bemerkenswerteste Ausstattungsstück ist der Flügelaltar aus dem Jahre 1607, der in seiner Form noch der Spätrenaissance angehört. Der Altar zeigt im Aufbau zwischen den beiden Johannes eine Madonna im Strahlenkranz, während sich auf den Seitenflügeln Szenen aus dem Leben des Evangelisten Johannes finden. Der Gottesacker wird übrigens erst seit 1680 für die Bestattung der Beinwiler Verstorbenen gebraucht; zuvor hatte man die Toten in Erschwil zu bestatten, wohin man auch in den Gottesdienst musste. Gleichzeitig mit dem Benutzungsrecht des Friedhofes wurde auch die St.-Johannes-Kapelle zur Pfarrkirche, bis den Beinwilern 1874 die Klosterkirche zugesprochen wurde.

Erzabbau und -verhüttung

Wenn wir den Klosterbezirk in westlicher Richtung verlassen, erreichen wir die Hauptstrasse auf der alten, bis um 1730 benutzten Passwangstrasse, welche am Kloster vorbeigeführt hatte. Nach der ersten grossen Kurve kommen wir zum Joggenhus. Hier steht das Gasthaus zum Reh, das einst als Klosterherberge «herrlich erbauwet worden» ist. An der Giebelseite ist die Wappentafel des Erbauers Abt Esso Glutz zu entdecken. Solche Zeichen finden sich «im Beibel» auch noch an anderen, einst zum Kloster gehörenden Profanbauten, die zum Teil auch einem Gewerbe dienten, wie z. B. die Ziegelei am Fusse des Klosterhügels.

In Klosterbesitz war einst auch die unweit des erwähnten Gasthauses stehende Hammerschmiede, welche erstmals 1693 genannt wird. Mit der Wasserkraft wurde der Schwanzhammer in Bewegung gehalten. Über Generationen war in diesem heute unter Denkmalschutz stehenden Gewerbebetrieb ein Nagelschmied tätig. Das neuere der beiden Räder wurde erst 1996 in einer Zimmerei im Tal selbst angefertigt; aus der gleichen Werkstatt kam übrigens auch das Wasserrad der Mühle in Büren SO.

Die alte Hammerschmiede von Beinwil

Das in der Hammerschmiede betriebene Eisengewerbe gibt uns zum Hinweis Anlass, dass wie vielerorts im Jura auch im Lüsseltal einst Erzabbau betrieben wurde. Gewonnen wurde zumeist Bohnerz, das in linsenförmigen Ansammlungen von geringer Mächtigkeit oft leicht abbaubar ist. Bei Erschwil, wo auch der Geschlechtsname Erzer auf den Erzabbau hinweist, lagen die Schürfstellen im Erdmänniloch, auf dem Forst und im Titterten. Der früheste Beweis für die Existenz einer Eisenschmelze in Erschwil geht auf 1474 zurück, als der «Ysenmann» unter zwei Malen der Stadt Solothurn 21 Zentner Eisen lieferte. Anfang des 16. Jahrhunderts wurden wahrscheinlich die kleinen Schacht- und Herdöfen durch einen verbesserten Hochofen ersetzt. Er dürfte wie alle anderen Schmelzen im Kanton Solothurn zu Beginn des 18. Jahrhunderts gelöscht worden sein.

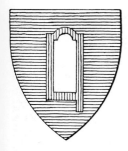

Das Wappen von Abt Nikolaus Ziegler zeigt ein Ziegelformgerät.

Auf Beinwiler Boden fand der Erzabbau im Girlang, Birtis, Sunnenhalb, Schlegel, Hochreich, Schilt und Chratten statt. Schon unter Abt Johannes III. Molitor (im Amte 1462–85) wurde an verschiedenen Orten nach Erz gegraben und dann oft gleich auf dem Platze geschmolzen. 1511 beabsichtigte Abt Nikolaus Ziegler die Erstellung eines Schmelzofens in Oberbeinwil. Im darauffolgenden Jahr verlieh er das Recht des Erzabbaus im untern Schilt an den Basler Bürger Hans Rudolf Gowenstein, dem auch die Ermächtigung zum Betrieb eines Läuterwerks und eines Eisenhammers gegeben wurde. Für die ersten zwei Jahre war Gowenstein von allen Abgaben befreit, die nächsten zwei Jahre hatte er fünf Zentner, danach aber jährlich zehn Zentner abzuliefern. Der Abt, welcher bei der damaligen Dürftigkeit der klösterlichen Finanzlage auf jede Vermehrung der Einnahmen bedacht sein musste, setzte übergrosse, aber letztlich nicht erfüllte Hoffnungen in das Unternehmen des Baslers, wenn es im Vertrag heisst: «Und wenn Gott Gnad geben und verleihen würde – was wir alle erbitten und hoffen – dass wir auf anderes Erz stossen, es sei Silber, Gold oder Kupfer, soll dieser erste Unternehmer und seine Nachkommen das Nutzungsrecht haben.» Aber obwohl die Erzgewinnung intensiv an die Hand genommen wurde, wollten die Edelmetalle nicht zum Vorschein gekommen, aber immerhin konnte das Kloster aus dem Lehen etwas Zins beziehen. Auch aus der Konzession für den Betrieb der Eisenverarbeitungsanlagen in Erschwil gab es Einkünfte. Noch im Laufe des 18. Jahrhunderts wurden Eisenerzschürfungen betrieben, doch gelangte nun das Bohnerz zur Weiterverarbeitung in den Eisenhammer im Nieder-Schöntal zwischen Frenkendorf und Füllinsdorf.

Holzkohle und Flösserholz

Vom Kloster verliehen wurde auch das Recht zur Nutzung der Wälder, um aus dem Holz die zur Eisenverhüttung notwendige Holzkohle herzustellen. Der dabei betriebene Raubbau, der auch einmal als «schändlicher Holzschwand» bezeichnet wurde, muss zeitweise recht beträchtlich gewesen sein und veranlasste die Obrigkeit gelegentlich zum Einschreiten. Aber die Tätigkeit der Holzköhler überlebte doch das im Tal betriebene Eisenschmelzen und den Erzabbau recht erheblich: Bis in die 1880er Jahre standen Kohlenmeiler im Bös und im Windenloch, wo den Sommer über vor allem Köhler aus Matzendorf manches Holz verkohlten. Verkauft wurde die schwarze Ware nach Basel oder über den Passwang in die von Roll'schen Eisenwerke in der Klus, wo 1845 ein Hochofen entzündet wurde. Die Transporte umfassten jeweils zwischen acht und zehn hohe Wagen, «Bännen», welche jede bis zu 14 Kubikmeter Holzkohle enthielten. Bei den Fahrten über den Passwang wurde bergwärts 6- bis 8spännig gefahren. Auf der Passwanghöhe spannten die thiersteinischen Fuhrleute ab und

Gabriel Ludwig Lory (1763–1840): Die Kohlenbrenner in einer wohl allzu romantischen Darstellung

übergaben die Wagen den Fuhrmännern aus Balsthal. Nicht unerwähnt soll an dieser Stelle auch sein, dass daneben auch einiges Holz auf der Lüssel talwärts geflösst wurde. So erfahren wir 1615, dass die Klosterverwaltung einem Urs Meyer gegen entsprechende Bezahlung bewilligte, 400 Klafter Buchenholz zu schlagen und auf der Lüssel zu flössen. Nachrichten von solchen Holztriften gibt es ebenso aus späteren Zeiten, und sie sind auch von anderen Jurabächen belegt. Da vor einer solchen Trift oft der Bach gestaut und die Sperre dann abrupt geöffnet wurde, wurden nicht selten die Ufer in Mitleidenschaft gezogen.

«Lange Brücke» und St. Josef

Dem Weg, den das Klafterholz seiner Bestimmung als Lieferant von Energie und Wärme nahm, folgen auch wir nun wieder, machen aber bereits bei der bald kommenden Talenge kurz halt. Dem aufmerksamen Reisenden wird auffallen, dass an der engsten Stelle plötzlich die Lüssel unter der Strasse verschwindet und erst nach rund 20 Metern wieder auftaucht. Hier befinden wir uns bei der «langen Brücke», einem Bauwerk, das um 1730 errichtet wurde und seinerzeit als grosse Sehenswürdigkeit galt, die sogar der Basler Emanuel Büchel in einem Stich für Herrlibergers Topographie festhielt (vgl. S. 66). Die «lange Brücke» gestattete nun aber eine bequemere Verbindung zwischen Erschwil und dem Beinwilertal. Dadurch verwaiste der alte Weg durch den Abhang der Titterten, wo im Malmkalk ein Karrengeleise und streckenweise dazwischen auch Stufen sichtbar sind. Insbesondere sind die Spuren zu entdecken am östlichen Abstieg unterhalb der St.-Josefs-Kapelle. Über den Anlass zum Bau dieser Kapelle mit dem Baujahr

1671 weiss Albin Fringeli, der grosse Kenner und Dichter des Schwarzbubenlandes, folgendes zu berichten:

«Als die ‹lange Brücke› noch nicht bestand, führte der Weg zum Passwang über die Felsen hinüber, direkt am Abhang vorbei. Ein Fuhrmann erschrak entsetzlich, als seine Pferde auf dem Felsenweg stolperten und mit der schweren Weinfuhre zur Lüssel hinabkollerten. Kaum hatte der Wagen das gewohnte Geleise verlassen, rief der Fuhrmann die Hilfe des heiligen Josef an. Er gelobte, an der gefährlichen Stelle eine Kapelle bauen zu lassen. Der Mann und die Pferde kamen mit dem Schrecken davon. Sie blieben heil.»

Somit handelt es sich um eine Votivkapelle, die sich bald zu einer kleinen Wallfahrtsstätte entwickelte. Zum hier verehrten Josef nahmen Menschen der Umgebung, aber auch aus dem Bezirk Thal und dem jenseits des Welschgätterli liegenden Val Terbi gerne Zuflucht in Krankheiten und Nöten. Dass sie hier wunderbar erhört wurden, bezeugten die früher in grosser Zahl sichtbar gewesenen Votivzeichen wie etwa Arme und Beine aus Holz sowie gemalte Täfeli. Durch Bemühen von Pfarrer Placidus Meyer wurde 1980 der jetzige Kreuzweg in Laufener Stein errichtet und am Kilbisonntag durch Abt Mauritius Fürst von Mariastein eingesegnet. Auch die Kapelle erhielt bei dieser Gelegenheit einen neuen Anstrich. Noch heute pilgern von März bis in den späten Herbst zahlreiche Gläubige zur Kapelle.

In Erschwil

Nach der Klus mit der «langen Brücke» öffnet sich das Lüsseltal bald wieder. Wir kommen an der rechts der Strasse liegenden Hammerschür vorbei, die an das hier angesiedelte Eisengewerbe mit Schmelze und Eisenhammer erinnert. Und schon sind wir in Sichtweite von Erschwil, einem Bachzeilendorf, das in einer päpstlichen Urkunde des Jahres 1147 erstmals als «Hergiswilre» erwähnt wird. Die Nähe zur Sprachgrenze wird durch die Tatsache bezeugt, dass es mit Erginvelier auch über einen französischen Ortsnamen verfügt. Die Nähe zum welschen Jura ist auch beim ländlichen Hausbau ablesbar: Der bei vielen jurassischen Häusern vorhandene, gedeckte Vorplatz, «devant l'huis» oder «devant l'ota», findet sich da und dort auch noch bei Bauernhäusern des Schwarzbubenlandes.

Über den von Montsevelier (zu deutsch Mutzwil, mundartlich Mutzbel) hierher führenden Passweg über das Welschgätterli dürfte einst mehr Fussverkehr als gegenwärtig geherrscht haben. Neben den Pilgern befanden sich darunter wohl gelegentlich auch die welschen Wanderhändler aus Gressoney (Aostatal), die Glas, Tuch, Gewürz und anderes mit sich führten. Diese für die Vermittlung von oberitalienischer Kultur und Ware nicht unbedeutenden Krämer waren indes nicht immer gern gesehen, war doch auf dem Basler Totentanz auch der Südwalser vertreten und wurde vom Tod folgendermassen

Das Altarkreuz von Erschwil aus dem 11. Jahrhundert

Erschwil und im Hintergrund das Welschgätterli

verspottet: «Wol her Krämer, du Groscheneyer, Du Leut b'scheisser und Gassenschreyer...»

Die Erschwiler Pfarrkirche ist den Aposteln Peter und Paul geweiht. Der jetzige Bau im ländlichen Klassizismus wurde 1847 errichtet. Im Besitz der Kirche befindet sich ein Altarkreuz aus dem 11. Jahrhundert, das aus einem flachen Kupferkreuz und einem daran gehefteten Bronzekorpus besteht. Es gehört stilistisch in den Umkreis der Bronzetüren von Hildesheim und des Mathildenkreuzes von Essen. Vermutlich gelangte es über Hirsau in das Tochterkloster Beinwil und von dort nach Erschwil, das urkundlich um 1219 dem Kloster Beinwil inkorporiert wurde.

Burgruine Neu-Thierstein

Unsere nächste Station ist die Burgruine Neu-Thierstein, die stolz auf einem schroffen Felskopf über der letzten Engnis des Lüsseltales thront; danach tritt ja das Tal in die Weite des Laufenbeckens. Die Burg steht auf dem Gebiete der Gemeinde Büsserach, doch den schönsten Blick auf die Anlage geniesst man bei einer Annäherung von Erschwil her. Die sich nach den letzten Häusern von Erschwil öffnende kleine Geländekammer mit einem flachen Talboden ist das Schlossgut, das der Versorgung der Burgbewohner diente. Das dazugehörige Gehöft steht am Fusse des Burgfelsens.

Archäologische Untersuchungen der Jahre 1984/85 haben ergeben, dass die Entstehung der Burg in die Zeit um 1100 zu datieren ist. Als Erbauer der ersten Burganlage sind die Grafen von Saugern (Soyhières) anzusprechen, welche die Burg in Verbindung mit dem etwa gleichzeitig von diesem Geschlecht gestifteten Kloster Beinwil gründeten. Dahinter stand wohl die Absicht, im oberen Lüsseltal Rodungsland zu erschliessen und das Familiengut zu festigen oder zu erweitern. Die Burg diente hierbei als Vogteisitz. Im ausgehenden 12. Jahrhundert traten die fricktalischen Grafen von Thierstein das Erbe der im Mannesstamm ausgestorbenen Grafen von Saugern im mittleren und unteren Birstal an. Zur Erbmasse gehörte auch die Schirmvogtei über das Kloster Beinwil. Wahrscheinlich hatte der mit der Erbtochter Bertha von Saugern verheiratete Rudolf von Thierstein, der sich darum oft auch Graf von Saugern nannte, die Burg Neu-Thierstein zum neuen Mittelpunkt des Saugernschen Besitztums erwählt. Nachdem aber die Thiersteiner gegen 1200 vom Basler Bischof mit der Herrschaft Pfeffingen, einem alten Hausgut der Grafen von Saugern, belehnt worden waren, hielten sie sich bald häufiger im dortigen Schloss auf und überliessen die etwas abgelegene Feste Neu-Thierstein einem Vogt. Die Thiersteiner, welche sich nach 1350 in die zwei Linien Thierstein-Farnsburg und Thierstein-Pfeffingen aufteilten, verpfändeten sogar wiederholt die Neu-Thierstein. Im St.-Jakober-Krieg besetzte 1445 Solothurn die Burg und zeigte damit wiederum, dass die Aarestadt sich auf diese Seite des Juras ausdehnen wollte. (Solothurn suchte bereits seit der Zeit um 1400 Mittel und Wege einer Expansion über die Jurakämme, kam dabei aber regelmässig mit der Stadt Basel ins Gehege, welche ihrerseits nach Gebietserweiterung strebte.) Wie bereits zuvor, hatte Solothurn auch dieses Mal kein Glück und musste die Burg an die Thiersteiner zurückgeben. Aber 1462 schien sich das Fähnlein zu wenden, gelangten doch die Pfandrechte an Solothurn, und zwei Jahre später wurde Graf Oswald von Thierstein sogar solothurnischer Bürger. Kurze Zeit später räumten die Solothurner zwar die Burg, sicherten sich aber das Vorkaufsrecht. Wohl im Hinblick auf eine gelegentliche Erwerbung fand die Klausel im solothurnischen Bundesbrief von 1481 Aufnahme, dass die Herrschaft Thierstein in den eidgenössischen Hilfskreis einbezogen sei. Doch noch gehörte sie nicht den Solothurnern, welche aber 1499 und 1511 die Burg erneut für kurze Zeit besetzten. Dies verärgerte den Grafen Heinrich derart, dass er 1517 unter Missachtung des noch gültigen solothurnischen Vorkaufsrechtes seinen ganzen Besitz an den Bischof von Basel veräusserte. Dies liessen sich die Solothurner aber nicht bieten, besetzten die Burg und machten klar Miene, die Sache auszusitzen. Mit Erfolg: Nach dem Tod des letzten Thiersteiners (1519) wurde in längeren Verhandlungen die Erbschaft zwischen dem Bischof und Solothurn geteilt, wodurch 1522 die Herrschaft Thierstein mitsamt der weltlichen Schutzherrschaft über Beinwil an Solothurn fiel. Nun wurde die Burg zum Landvogteisitz, wobei in der Folge nur noch geringe Ausbauten der Anlage erfolgten.

Mit dem Einmarsch der Franzosen wurde die Burg am 1. März 1798 kampflos verlassen und darauf geplündert. Die helvetische Regierung verkaufte die zum Nationalgut erklärte Anlage auf Abbruch an einen Erschwiler Bäcker. Der bis heu-

August Cueni: Burgruine Thierstein

te erhalten gebliebene, mächtige Wohnturm gelangte 1857 über den Kanton und die Gemeinde Büsserach an die vier romantisch angehauchten Basler Herren August De Bary, Eduard, Alfred und Gustav Bischoff, welche das Gemäuer für 600 Franken erwarben. Ihre Erben übertrugen es am 2. Dezember 1893 an die Sektion Basel des Schweizerischen Alpenclubs (SAC), die darauf im Erdgeschoss des Wohnturmes ein Klublokal einrichteten. Mit viel Eigenleistungen und mit diversen Fremdbeiträgen wird die Burg seither unterhalten. Die sorgfältige Betreuung der Basler und auch die letzte Sanierung von 1984 konnten den 1997 erfolgten Ausbruch und Absturz eines Teils der Westmauer nicht verhindern. Er erfolgte glücklicherweise ohne Personenschaden, obwohl das heruntergestürzte Material auf die Passwangstrasse und knapp am Schlossguet vorbeifiel. Wie lange die nun notwendig gewordene Sicherung der Burgruine dauert, ist derzeit noch offen.

Wenn von dieser Stelle, welche die Ruine trägt, die Rede ist, darf auch die Höhle nicht unerwähnt bleiben. Sie befindet sich etwa 15 Meter über dem Talboden und hat eine Tiefe von lediglich neun Metern. Wegen ihrer geringen Tiefe handelt es sich nicht um eine eigentliche Höhle, sondern um eine sogenannte Balm. Dort richtete sich 1890 ein Büsseracher für seine achtköpfige Familie ein. Er ebnete den Boden aus, schloss den Hohlraum nach aussen mit einer Mauer und baute den hintersten und engsten Teil als Geissenstall aus. Leider dürfte bei den damals vorgenommenen Bodenbewegungen einiges davon verloren gegangen sein, wovon man danach Reste entdeckte: Die Thiersteiner Schlossbalm erwies sich nämlich als interessante Fundstelle der Menschen aus dem Magdalénien (18000–8000 v. Chr.). Die vor allem von Professor Leopold Rüttimeyer und den Vettern Dres. Fritz und Paul Sarasin (alle Basel) sowie Prof. Lang (Solothurn) geborgenen Funde bestehen aus Knochenstücken von Bär, Wolf, Luchs, Steinbock, Rentier, Hirsch und Schwein und aus Silexwerkzeugen, wie Messer, Schaber, Stichel und Bohrer. Die Funde befinden sich heute grösstenteils in der urgeschichtlichen Sammlung des Museums der Kulturen in Basel.

«Lismen» und Bändel weben

Das Dorf Büsserach, das wir nun erreichen, kannte wie andere Dörfer im Thierstein früher eine grosse Armut. In verschiedenen Wellen wanderten darum viele Familien im Laufe des 19. Jahrhunderts nach Amerika aus. Als bitter notwendiger Zuverdienst zur kargen Landwirtschaft, die oft nur das Halten von einigen Ziegen zuliess, suchten andere – wie übrigens auch im Baselbiet (und selbst in Liestal) – ihren Lebensunterhalt in der Heimarbeit. Im Auftrag von Basler oder Liestaler Herren beschäftigten sich ganze Familien mit dem Stricken. «Gelismet» wurden Handschuhe, Strümpfe, Kappen und auch «Tschööpe», auch «Lismer» genannt. Die Wolle wurde beim «Heer» geholt und die fertige Ware ebendort auch wieder abgeliefert. Als Boten waren oft die grösseren Knaben tätig, die sich dafür auch einige Batzen verdienten. Das Stricken war Ende des 16. Jahrhunderts in Basel aufgekommen. Im 18. Jahrhundert war die solothurnische Strumpf- und Hosenstrickerei weit herum bekannt. Auch nach dem Aufkommen von Strickmaschinen konnte sich das «Lismen» im Schwarzbubenland teilweise bis ins 20. Jahrhundert hinein halten.

Ein anderes Hausgewerbe, das im Thierstein ebenfalls zeitweise heimisch war, war die Seidenbandweberei. Wie im Baselbiet waren auch hier die Basler Seidenbandfabrikanten ihre Auftraggeber. Allein in Büsserach standen bereits in den 1820er Jahren 40 Webstühle in den Stuben. Gewoben wurde im Auftrag der Gebrüder Bischoff. Es waren dann auch Mitglieder dieser Basler Familie, die sich am Kauf der Burgruine Neu-Thierstein beteiligten.

Als kurz nach 1900 im Nachbardorf Breitenbach die Isolawerke gegründet wurden, fanden auch die Büsseracher zunehmend eine Fabrikarbeit und waren nicht mehr von der krisenanfälligen Heimarbeit abhängig. Wie das benachbarte Breitenbach wandelte sich danach auch Büsserach allmählich zu einem Arbeiterdorf und wuchs mit ihm praktisch zusammen.

Zu den Sehenswürdigkeiten zählen wir neben dem altertümlich wirkenden Zehntstock bei der Mühle die Pfarrkirche St. Peter, die wohl eine frühmittelalterliche Gründung ist. Den Neubau von 1951 hat allerdings nur der 1464 erbaute Kirchturm überlebt. Dieser Kirchturm dient heute als kleines Museum, das über mehrere Stockwerke vor allem Exponate aus dem kirchlichen Leben, aber z. B. auch eine kleine Sammlung mit Seidenbändern enthält. Der Abbruch und der Neubau des Kirchenschiffes erfolgten aus dem Bedürfnis heraus, für alle Gläubigen Platz zu schaffen. In den 1953 geweihten Neubau (Architekt Alban Gerster, Laufen) wurden verschiedene Ausstattungsstücke der alten Kirche übernommen, so verschiedene Einzelstatuen. Darunter finden wir als Holzstatuen aus Basler Werkstätten um 1500 einen Petrus und eine Maria mit Kind, «eines der edelsten und liebenswürdigsten Bildwerke unseres Kantons» (Gottlieb Loertscher). Schon vor 1951 abgewandert und heute im Besitz der Museen von Olten, Zürich und Basel sind weitere Statuen und Teile eines Flügelaltars. Der hohe künstlerische Wert, der sich in der Büsseracher Kirche befand oder noch befindet, lässt etwas von der früheren Bedeutung dieses Gotteshauses erahnen. (Der frühere Rokoko-Hochaltar, eine Stiftung von Abt Hieronimus Brunner [1765–1804] steht heute in der Dorfkirche von Riom GR.)

Über den Fehren zur «Maria im Hag»

Etwas nördlich des Kirchenbezirks biegen wir nach rechts in die Strasse Richtung Fehren ein, das wir nach einigen Minuten Fahrt erreichen. Dieser Ort in schöner Aussichtslage (herrlicher Blick über das Laufenbecken und hinüber zur Blauenkette) befindet sich auf einer Bruchstufe und an der Stelle, wo

Der Zehntstock zwischen Mühle und Kirche von Büsserach diente als obrigkeitliches Kornmagazin.

sich tektonisch gesehen das oberrheinische (Verwerfung) und das alpine System (Jurafaltung) überschneiden. Ausserdem befinden wir uns hier in der Übergangszone zwischen Ketten- und Tafeljura, der wir auch auf der ganzen restlichen Strecke unserer Rundfahrt folgen werden.

«Der Fehren», wie das Dorf im Volksmund heisst, ist im Zuge einer spätmittelalterlichen Rodungskolonisation aus einem kleinen, zu Breitenbach gehörenden Weiler herausgewachsen, der erst 1797 den Status einer selbständigen Gemeinde erhielt. Das Dorf entwickelte sich in der zweiten Hälfte dieses Jahrhunderts zu einer attraktiven Wohngemeinde, eine Folge der günstigen Lage zur Industrie im Laufenbecken. Eine 1897 erbaute Kapelle wurde zugunsten der 1967 geweihten modernen Kirche St. Ottilien und St. Nikolaus von Flüe abgebrochen. Dass auch im Raum Fehren früher Bohnerz geschürft und verhüttet wurde, belegt die Wüstung eines Schmelzofens am Weg vom Hof Lämmlismatt zur Brücke über den Ibach (südöstlich Lehnenchöpfli).

Um die Mitte des 19. Jahrhunderts fanden die Fehrener einen ganz besonderen Nebenverdienst: Sie sammelten im Wald Tannzapfen und pressten aus den darin steckenden Samen das Tannzapfenöl, das als geschätztes Heilmittel auf den regionalen Markt kam.

Mit der Wegfahrt aus Fehren verlassen wir die Randzone des klimatisch günstigen Laufenbeckens und gelangen in den obersten Teil des Chaltbrunnentales. Die hier sanfte Form des in Süd-Nord-Richtung verlaufenden Tales lässt nicht erahnen, dass es bald zu einer Schlucht wird und diese Form bis zur Mündung in die Birs (beim Chessiloch) beibehält. Trotz seines unwirtlichen Charakters wurde das Tal schon zur Urzeit vom Menschen aufgesucht, wovon viele Funde aus den hier vorhandenen Höhlen und Halbhöhlen zeugen. Es sind Steinwerkzeuge aus der Zeit des Neandertalers (Moustérien-Kultur; 75 000–35 000 v. Chr.) und aus dem jungpaläolithischen Magdalénien (18 000–8000 v. Chr.), also aus Zeiten, wo der Mensch noch nicht sesshaft geworden war.

Bei der Meltingerbrücke lohnt sich ein kurzer Abstecher nach Meltingen. Im Dorfzentrum unübersehbar sind der Gasthof Meltinger Bad und die Anlagen der Mineralquelle. Das Bad erinnert uns an die frühere Bedeutung von Meltingen als beliebter Kur- und Aufentbaltsort, dessen Wasser bereits die Römer geschätzt haben. Die heutige Liegenschaft, wo Wirts- und Badhaus im rechten Winkel zueinander stehen, dürfte im Prinzip die Anlage sein, welche um 1670/80 nach Umbauten entstanden war. Es gab eine Zeit, da fuhr der Badwirt wöchentlich mit seiner Kutsche nach Basel, um die Gäste zu holen und zu bringen, und auch der Postillon erkundigte sich jeweils vor Abfahrt, ob er jemand mit seinem Zweispänner nach Liestal führen dürfte. Im Badhaus standen einst 40 hölzerne Badkästen zur Verfügung, und ein Bad kostete Anfang des 19. Jahrhunderts zweieinhalb Batzen, während man für zwölf Batzen ein Mittagessen erhielt. Urs Peter Strohmeier meldet uns in seiner topographischen Kantonsbeschreibung von 1836: «Die anmutige Alpengegend, die gesunde Bergluft macht den Gästen den Aufenthalt an diesem Badeort angenehm, das sich in Hinsicht der bewährten Heilkraft seiner Quelle unter die ersten Mineralbäder der Schweiz zählen lässt.»

Tempi passati! Allerdings nicht nur für Meltingen als Kurort, sondern auch als Abfüllort von Mineral- und Süsswässern. Die zuletzt der Brauerei Cardinal resp. der Sibra gehörende Mineralquelle, welche «Meltina», «Sport-Kola», «Sinalco» und vieles andere millionenfach in Flaschen abgefüllt in Haushaltungen und Wirtschaften lieferte, musste im Mai 1988 die Abfüllung von Mineralwasser aus lebensmittelchemischen Gründen (Verunreinigung der Quelle durch Kolibakterien) aufgeben und schloss im nachfolgenden Jahr auch die Süsswasserproduktion, die allerdings mit Zwingner Leitungswasser erfolgt war.

Nicht geschlossen ist aber tagsüber die Dorfkirche, die auf einem schmalen Muschelkalkgrat hoch über dem Dorf thront. Das Gotteshaus ist mehr als eine einfache Dorfkirche, es ist ein Heiligtum, ein Wallfahrtsort der Schwarzbuben. Das bemerkt der Besucher gleich beim Betreten der Kirche durch den rückwärtigen Eingang, wo ihm eine grössere Zahl von Votivtafeln mitteilen: «Maria hat geholfen.» Das Gnadenbild mit der Maria findet sich vorne in der Kirche, die «Maria im Hag», welche mit einem Stück Schleier bedeckt ist. Die Ursprungslegende berichtet, dass 1519 Agatha, die Frau von Ritter Hans Imer von Gilgenberg, bei einem Sturmwinde ihren Schleier verlor, ein kostbares Seidentuch aus der Zeit der Kreuzzüge. Im folgenden Jahr fand man den Schleier am Meltinger Kirchhügel. Er hatte sich an einem Madonnenbild verfangen, das von Räubern (oder aufgrund der Glaubenswirren) in einem Holunderstrauch versteckt worden war. Agatha von Breitenlandenberg,

Die Dorf- und Wallfahrtskirche von Meltingen

an deren Erlebnisse diese Geschichte anknüpft, liess für die Marienstatue ein neues Gotteshaus anstelle einer älteren Marienkirche erbauen. Weil die Kirche wegen dem «grossen Zulauf und Andacht des Volkes zu dem wundertätigen Mariae Bild» nicht mehr genügte, wurde das Schiff 1727 vergrössert, was nochmals 1903 geschah. Im Kircheninnern bemerkenswert sind zunächst verschiedene Wappenscheiben, so eine Kreuzigung aus der Mitte des 15. Jahrhunderts (vermutlich aus der Hauskapelle der Burg Gilgenberg) und zwei Doppelscheiben von 1519, welche Hans Imer von Gilgenberg und Agatha von Breitenlandenberg sowie die heiligen Agatha und Katharina zeigen. Sie stammen möglicherweise aus einer Werkstatt im Umkreis von Hans Baldung. Zu beachten sind ferner die Rokoko-Altäre, insbesondere die beiden Seitenaltäre von 1736. Auf dem rechten Altar findet sich in der Hauptnische das Gnadenbild aus Lindenholz, das dem 14. Jahrhundert angehört und das seit etwa 1650 in Kleider gehüllt wird. Auf dem linken Seitenaltar ist ein Vesperbild, eine Pietà, von ca. 1540 zu entdecken. Die Gruppe zieht einen mit der ergreifenden Sprache der Gesichter und Gebärden in Bann.

In der «Geissenvogtei»

Wir haben die Burg Gilgenberg bereits erwähnt. Wir werden ihr nun gewahr, wenn wir auf der Weiterfahrt durch das kleine Dorf Zullwil (dialektisch «Zubel») nach Nunningen fahren. Die imposante Feste befindet sich unübersehbar südöstlich von Zullwil auf einem schroffen Felssporn. Ihr Gründungsdatum ist umstritten, doch dürfte sie ins späte 13. Jahrhundert zurückreichen und ihre Entstehung dem kolonisatorischen Ausbau der Herrschaft Ramstein verdanken. Bis ins 15. Jahrhundert blieb die Burg als baslerisch-bischöfliches Lehen in den Händen der Freiherren von Ramstein, die allerdings meistens in Zwingen sassen und die Verwaltung der Gilgenberger Herrschaft (Meltingen, Zullwil, Nunningen, Fehren und der Weiler Roderis) einem Vogt überliessen. Nach einem langen Erbschaftsstreit kam die Herrschaft an Hans Bernhard von Gilgenberg, einen illegitimen Sohn von Rudolf von Ramstein. Seinen Sieg hatte er nicht zuletzt der Stadt Solothurn zu verdanken, der er das Besetzungsrecht für Gilgenberg einräumte und die damit auch einen Fuss auf diesen ennetjurassischen Flecken setzte. Wie bei Neu-Thierstein wurde im Solothurner Bundesbrief von 1481 auch die Herrschaft Gilgenberg in den eidgenössischen Hilfskreis eingebunden. Da der Bischof und die Stadt Basel es immer wieder zu verhindern wussten, kam es erst 1527 zu einem Verkauf der Herrschaft durch Rudolfs Sohn Hans Imer von Gilgenberg, Burger zu Solothurn, 1496 und 1498 Bürgermeister von Basel und nachher österreichischer Vogt in Ensisheim. Auf die Lehenshoheit verzichtete der Bischof aber erst 1580, während die noch in baslerischem Besitze befindlichen Landgrafschaftsrechte im «Galgenkrieg» von 1531/32 vertraglich geregelt werden konnten.

Vesperbild (oben) und Gnadenbild «Maria im Hag» (rechts) in der Kirche von Meltingen

Hans Imer von Gilgenberg auf einer Wappenscheibe in der Kirche von Meltingen

Solothurn richtete nach der Übernahme der kleinen Herrschaft eine eigene Vogtei ein, die aber wegen ihre Ärmlichkeit oft als «Geissenvogtei» verspottet wurde. In der helvetischen Revolution zündete das Landvolk das Schloss an, und es ist seither eine Ruine, die von einer Stiftung unterhalten wird.

Am Wege nach Nunningen sieht man linkerhand auch den Weiler Oberkirch mit der Kirche St. Peter und Paul, die einstige Talkirche der umliegenden Dörfer (inkl. Bretzwil). Heute ist es noch die Pfarrkirche der Gemeinden Zullwil und Nunningen, die übrigens direkt an der Gemeindegrenze liegt. Der jetzige neugotische Bau stammt von 1866, verfügt aber über verschiedene Ausstattungsgegenstände des Vorgängerbaus sowie über eine Wappentafel von 1516, welche wohl darauf hinweist, dass Hans Imer von Gilgenberg auch in Oberkirch Wohltäter war. In einer Vitrine entdeckt man hier u. a. den Bischofsstab, den Bischofshut und den Ring des 1994 verstorbenen Dr. Anton Hänggi, des Bischofs von Basel.

Hingewiesen sei auch auf das schmiedeiserne Kreuz auf der Umfassungsmauer des Kirchhofes: Es stammt vom verschwundenen Dachreiter der ehemaligen St.-Fridolins-Kapelle im Hinteren Birtis (Gemeinde Beinwil).

Kurz danach erreichen wir Nunningen, das 1152 erstmals urkundlich erwähnt wurde, notabene bereits in der heutigen Schreibweise. Der Ort liegt in einer Mulde am Kastelbach und hat sich dank einheimischer Industrie vom ärmlichen Bauerndorf zu einer stattlichen Siedlung gewandelt mit gewissen Dienstleistungsfunktionen für die engere Region.

Im Alters- und Pflegeheim «Stäglen» ist seit November 1993 ein kleines Dorfmuseum eingerichtet. Es zeigt allerhand Geräte und Erinnerungsstücke aus Haus und Hof, Alltag und Freizeit, aus Kirche und Industrie. Zu den Prunkstücken des Museums gehören eine Seidenwindemaschine und die 1996 ins Museum gekommene Sammlung eines Teils der weitläufigen Korrespondenz von Bischof Anton Hänggi (1917–1994), der in Nunningen als Sohn eines Schreinermeisters und einer Arbeitsschullehrerin geboren wurde und aufwuchs. (Das Museum ist geöffnet: 1. Sonntag im Monat 14–17 Uhr oder nach Vereinbarung mit Franz Altermatt, Tel. 061 791 00 19).

Im Dorfzentrum steht ein markanter Brunnen mit einer frühen Plastik vom solothurnischen Bildhauer Schang Hutter: Sie zeigt einen Schwarzbuben, der sich etwas ausruht und jeden begrüsst, der vom Baselbiet nach Nunningen kommt. Die Nunninger, welche wie die meisten anderen Bewohner der «Geissenvogtei» früher arm, ja nach U. P. Strohmeiers Urteil von 1836 sogar die allerärmsten des ganzen Kantons waren, nährten sich nach derselben Quelle fast ausschliesslich durch Stricken: «Ein eigener Anblick war es da, in den gewaltigen Händen baumstarker Männer, die in grosser Gesellschaft vor den Häusern sassen, die winzige Stricknadel zu erblicken.» Im Sommer nahmen viele von ihnen allerdings mit der Sense auf der Schulter den Weg ins Baselbiet, um sich dort im «Basler

Bretzwil, eingebettet in einen reichen Obstgarten. Postkarte, um 1925

Heuet» nützlich zu machen. Nach getaner Arbeit kamen sie zurück, besorgten die eigene Landwirtschaft und zogen dann wieder hinaus, diesmal in den «Basler Emdet». Manchmal trieb es sie sogar zu Getreideernte und Weinlese ins Elsass oder über den Rhein.

Ramstein, St. Romai und St. Hilar

Über den flachen Übergang geht unsere Reise über die hier nicht auf der Wasserscheide (Chastelbach–Seebach) verlaufende Kantonsgrenze zurück ins Baselbiet. Rechts von uns, gegen Südosten, erahnen wir auf der steilen und bewaldeten Kuppe die Stelle, wo früher das Schloss Ramstein übers Land blickte. Die Burg, von der sich nur geringe Spuren erhalten haben, ist eine Gründung der Herren von Brislach, die sich dann von Ramstein nannten. Um 1520 ging die Stammburg mit dem Dorf Bretzwil und weiteren Gütern an die Stadt Basel, welche sofort einen Vogt auf Ramstein einsetzte. Die Miniaturvogtei wurde 1673 aufgehoben und der Vogtei Waldenburg unterstellt. Das Schloss wurde in der Folge notdürftig unterhalten, aber war noch bis ins frühe 19. Jahrhundert von Pächtern der Burggüter bewohnt. Dann zerfiel die Burg sehr rasch, zumal sie als willkommener Steinbruch genutzt wurde. Seit dem Verkauf ihres Stammsitzes lebten die Ramsteiner übrigens bis zu ihrem Aussterben als einfache Landjunker im Sundgaudorf Waldighofen (zu Ramstein siehe auch S. 91 ff.).

Bretzwil, das übrigens wie Brislach das Wappen der Edelknechte von Ramstein (zwei rote gekreuzte Lilienstäbe auf goldenem Grund) führt, wurde 1194 erstmals als «Braswilere» erwähnt. Ursprünglich gehörte das Gebiet von «Brätzbel» (dialektisch) zur Talkirche von Oberkirch bei Nunningen, ge-

Fragment einer Ofenverzierung, ein Werk der früher in Bretzwil aktiven Landtöpfer

langte dann aber in den Besitz des Bischofs von Basel. Aus dessen Händen erhielten die Ramsteiner das Dorf als Lehen. Mit dem Verkauf des Ramsteinischen Besitzes kam Bretzwil 1518 zur Landschaft Basel.

Die Kirche, welche der Maria geweiht war, unterstand schon früh der Dompropstei. Nach der Reformation war die Stadt Basel Inhaberin des Kirchensatzes. Von 1555 bis 1765 bildeten die Gemeinden Bretzwil, Lauwil und Reigoldswil eine Pfarrei; seither bildet Reigoldswil eine eigene Kirchgemeinde. Im Gotteshaus beachtenswert sind die spätmittelalterlichen Kabinettscheiben und die barocke Kanzel, welche seit ihrer Verbreiterung von 1786 im Grundriss demjenigen der römischen Kirche Sant'Agnese entspricht. Die Heilig-Geist-Taube an der Decke und das Hugenottenkreuz, eine Reverenz an die Innovatoren der Basler Seidenbandweberei, stammen vom Känerkinder Künstler Walter Eglin (1895–1966). In Bretzwil bildete die Seidenbandweberei über lange Zeit eine wichtige Erwerbsquelle.

Im Vorraum des Gemeindezentrums steht eine Glocke, welche die Ramsteiner 1484 für die Bretzwiler Kirche gestiftet hatten; sie wanderte 1934 ins Kantonsmuseum Baselland ab, konnte aber nach intensiven Bemühungen 1992 als Dauerleihgabe ins Dorf zurückgeholt werden. Beim Baumgartenschulhaus findet sich der Isaak-Bowe-Brunnen zur Erinnerung an den aus dem Dorfe stammenden Führer im Bauernkrieg von 1653.

Über die Eichhöhe, wo der Weg zur Ruine Ramstein abgeht und wo sich die Wasserscheide Birs–Frenke/Ergolz befindet, gelangen wir durch die ausgedehnte Hoflandschaft rasch in Richtung Reigoldswil. Etwa 400 m nach dem Marchmatt-Hof findet sich rechts die Abzweigung zum Bergdorf Lauwil. Oberhalb dieses Dorfes liegen unter anderem die alten St.-Romai-Höfe, die mit dem durch ein Feuer 1536 abgegangenen Kirchlein St. Remigius ein Kirchengut bildeten (siehe S. 74 f.).

Ein weiteres, ebenfalls ausserhalb des Siedlungsgebietes gebautes Gotteshaus befand sich mit St. Hilarius am alten Weg von Reigoldswil zur Wasserfallen (südlich der Talstation der Luftseilbahn). Das wohl wie St. Remigius in fränkischer Zeit (7./8. Jahrhundert) gegründete Gotteshaus war Besitztum der Herren von Ramstein-Gilgenberg. Durch den Verkauf dieser Herrschaft kam das «Chilchli» 1527 an Solothurn und blieb solothurnisches Eigentum bis ins frühe 19. Jahrhundert. Nach dem Brand von St. Romai 1536 und bis zur Einweihung der heutigen Reigoldswiler Dorfkirche im Jahre 1562 diente St. Hilar als reformiertes Gotteshaus, obwohl es eigentlich auf solothurnischem und somit katholischem Boden lag... (siehe auch S. 74 ff.).

Mit diesem Hinweis auf ein besonderes Kuriosum beschliessen wir die Rundfahrt durch ein gutes Stück Solothurner und Baselbieter Jura, die uns eine Begegnung mit vielen grossen Zeugnissen menschlichen Schaffens gestattet.

Albert Schweizer:
Reigoldswil. Aquarell

Dominik Wunderlin **Von Posamentern und Bauern**

Historische Ortssammlung «Auf Feld» Reigoldswil

Das Dorf Reigoldswil, der natürliche Mittelpunkt des Baselbieter Hinterlandes, war früher ein wichtiges Zentrum der heimindustriellen Produktion von Seidenbändern. Zeugen dieser grossen Vergangenheit sind die sogenannten Posamenterhäuser, Liegenschaften mit einem zumeist mächtigen Wohnteil und einer eher bescheidenen Ökonomie. Ein weiteres auffälliges Bauelement ist die relativ grosse Zahl an Fenstern, damit der Bandweber seine anspruchsvolle Arbeit möglichst lange bei genügend Tageslicht verrichten konnte. Auch die «Würgi», der auffällige Knick im Dach, diente dazu, dass auch das oberste Geschoss ausreichend Licht bekommt.

Die mächtigen Webstühle, welche bis zur Einführung der Elektrizität um 1900 von Hand betrieben wurden, gehörten den Seidenherren in Basel, die ihnen durch den Boten («der Bott») die Seide lieferten und die Aufträge erteilten. Mit dem Fuhrwerk wurden die fertigen Bänder nach Basel geführt, von wo aus sie in alle Welt verschickt wurden. Es ist nicht leicht zu verstehen, dass Ende des 19. Jahrhunderts allein im Reigoldswilertal und in den Dörfern des oberen Baselbietes gegen 5000 Bandwebstühle liefen. Noch 1908 ratterten allein in Reigoldswil 318 Stühle, im Kriegsjahr 1941 waren es noch 107, und um 1980 liefen im ganzen Kanton noch ganze zwei Heimwebstühle. Aber die «Bändelstärbet» hatte viel früher begonnen, nämlich um 1925. Die Gründe waren eine massive Erhöhung der Einfuhrzölle durch den Hauptimporteur England und ein Wandel in der Mode: Es verschwanden die Bänder an den Kleidern und die reichen Hutbandgarnituren. Und mit dem Aufkommen des «Bubikopfs» trugen die Mädchen keinen «Lätsch» (Masche) mehr im Haar. (Die Änderung der Haarmode hatte – darauf sei hier hingewiesen – auch auf der Südseite der Wasserfallen, in Mümliswil, zum Anfang vom Ende der Kammfabrikation geführt!)

Es ist natürlich selbstverständlich, dass an eine Industrie, welche insbesondere im Baselbiet während rund 300 Jahren vielen Menschen Arbeit verschafft hat, in verschiedenen Ba-

Posamenterlampe mit Flachbrenner (Federzeichnung von Peter Suter)

Das Museum «auf Feld»

selbieter Museen gebührend erinnert wird. So auch im Reigoldswiler Ortsmuseum, das im 1765 erbauten Bauernhaus «Auf Feld» an der Schmidtengasse unweit des Dorfplatzes eingerichtet ist. In der Posamenterstube des kleinen, aber feinen Museums steht ein Webstuhl, der während der Öffnungszeiten auch in Betrieb gesetzt wird.

Doch die historische Ortssammlung überrascht noch mit anderen Schwerpunkten: Zu entdecken gibt es je eine vollständig eingerichtete Wagner- und Schuhmacherwerkstatt, während in der Küche über die Hausmetzgerei, das Käsen und die Buttergewinnung orientiert wird. An die Zeiten, als die Hausfrau noch ein grosses Wissen über die Vorratshaltung hatte, erinnert das Thema «Konservierung». Weitere beachtliche Sammlungen handeln von Feuer und Licht, von Jagd und Fischerei, von Tierfallen und von der Waldwirtschaft mit ihren Geräten für die Holzerei und die Holzbearbeitung. In dieser Abteilung lernt der Besucher auch die 30 einheimischen Hölzer kennen.

Es sind insbesondere die in der Stube präsentierten Utensilien zur Fischerei und zur Jagd, die an den früheren Bewohner des Hauses «Auf Feld», an Johann Rudolf Plattner, erinnern, der Landwirt, Fischer und Jäger gewesen war. Der 1978 in seinem 93. Lebensjahr verstorbene «Fäldruedi» vermachte seine ehemalige Wohnung samt Ökonomiegebäude, den Hausrat, landwirtschaftliche Geräte und Jagdgewehre der nach ihm benannten Stiftung der Sekundarschule. Er verfügte, dass die Räumlichkeiten als Heimatmuseum eingerichtet und vor allem als Unterbringungsort der reichhaltigen historischen

Schulsammlung dienen sollten. Diese Sammlung hatte übrigens bereits im Schuljahr 1925/26 ihren Anfang genommen, als der nachmals bedeutende Baselbieter Heimatforscher Paul Suter als junger Reallehrer und unter Mithilfe der Schüler und Eltern der sechs Kreisschulgemeinden damit begann, Gegenstände aus dem ländlichen Alltag zusammenzutragen. So kamen im Laufe der Zeit archäologische Fundmaterialien, hauswirtschaftliche und landwirtschaftlichen Gegenstände, Gebrauchskeramik, Gewichte und Waagen, eine Eichertrülle, Posamentereigeräte, Musterkollektionen von Seidenbändern, Bienenkörbe, eine Grubenlampe vom Wasserfallentunnelbau, Graphiken und Bücher zusammen. Das alles diente vorwiegend als Anschauungsmaterial im Unterricht, wurde aber jeweils am Examenstag und am darauffolgenden Sonntag der Öffentlichkeit gezeigt. Nach der Fertigstellung des Realschulhauses im Jahre 1963 wurde es möglich, in einem Ausstellungsraum einzelne Sachgruppen im Wechsel zu zeigen. Doch erst mit dem grosszügigen Vermächtnis von J. R. Plattner wurde es möglich, einen dauerhaften Ort für die umfangreiche Sammlung zu bekommen. Schon 1978 hatte sich der Stiftungsrat entschlossen, Schwerpunkte zu schaffen und andere Teile der umfangreichen Sammlung lediglich in thematischen Wechselausstellungen zu präsentieren. Das Museum «Auf Feld» konnte am 16. April 1983 eröffnet werden und ist mit seinen Aktivitäten längst zu einer historischen und volkskundlichen Begegnungsstätte im hinteren Baselbiet geworden.

Kontaktadresse: Dr. Peter Suter
                     Stückben 27, 4424 Arboldswil
Telefon: 061 931 24 61

Öffnungszeiten: 1. Sonntag im Monat   14–17 Uhr
(ausser Schulferien)   oder nach Vereinbarung

Ein weiteres Heimatmuseum im Reigoldswilertal:

Dorfmuseum Ziefen

    Das Museum in der Schulanlage «Eien» zeigt zwei Bandwebstühle in Betrieb und andere Geräte und Maschinen aus der Heimposamenterei. Weitere Ausstellungsabteilungen behandeln die ländliche Wohnkultur, Hauswirtschaft, Landwirtschaft, Gewerbe, Schuhmacherei und weibliche Handarbeiten.

Kontakt: Hermann Senn-Heid
Telefon: 061 931 12 14 oder Gemeindeverwaltung
Telefon: 061 931 14 89

Öffnungszeiten: 1. Sonntag im Monat   14–17 Uhr
                     oder nach Vereinbarung

Von Bandfabriken und Heimposamentern:

Dauerausstellung im Kantonsmuseum Baselland Liestal

Notabene: Wer sich erschöpfend mit der Bandweberei auseinandersetzen möchte, dem sei ein Besuch im Kantonsmuseum Baselland empfohlen. Auf zwei Etagen wird dort in der Dauerausstellung «Die Bandweberei in Industrie und Heimarbeit im 19. und 20. Jahrhundert» eine sozial- und wirtschaftsgeschichtliche Darstellung geboten und zudem in einer «Augenweide» die erstaunliche Vielfalt der Produktion von Basler Bandfabriken vorgestellt.

Adresse: Kantonsmuseum Baselland, Zeughausplatz 28, 4410 Liestal
Telefon: 061 925 50 90 (Tonband) oder 061 925 59 86

Öffnungszeiten: Dienstag bis Freitag 10–12, 14–17 Uhr
Samstag/Sonntag 10–17 Uhr

Kopf des Fachblattes «Der Posamenter», Jahrgang 1921, mit Reproduktion einer Federzeichnung von Otto Plattner (1886–1951)

1. *Seitenständer oder Stotze*
2. *Liegebank*
3. *Stirnbrett*
4. *Zettelrechen*
5. *Transmission mit gekreuztem Riemen*
6. *feste und lose Scheibe*
7. *Grundgeschirr, bestehend aus Chrüz und Grundrätte*
8. *Schäfte mit Litzen*
9. *Bhänk, lose Rollen mit Gewichten zum Anstecken des Zettels und der fertigen Bänder*
10. *Lade mit Schiffli*
11. *Jacquärdli, Litzenzugmaschine*
12. *Stange zum Anlassen und Abstellen des Webstuhlmotors*
13. *Bändelkartons für die fertigen Bänder*

Dominik Wunderlin

Lieferanten von Queen Victoria und des spanischen Hofes

Das Schweizerische Kamm-Museum Mümliswil

Am oberen Rand des Dorfkerns, an der Strasse in Richtung Breitenhöchi–Langenbruck, weist vis-à-vis des Friedhofes ein brauner Wegweiser zu einem kleinen und schmucken Museum, das uns mit seinen Exponaten in die grosse Welt der Mode entführt. Das im Bürgerhaus eingerichtete Museum macht uns vertraut mit einer Industrie, die hier in Mümliswil während fast 200 Jahren geblüht hat: die Kammherstellung.

Die Ausstellung zeigt in sorgfältiger Auswahl einen Querschnitt durch die umfangreiche Sammlung von Gebrauchs- und Zierkämmen und Haarschmuck. Dokumentiert sind auch die Produktionsschritte, welche ausserdem auf einem Video verfolgt werden können, das im wesentlichen einen Film von 1976/77 enthält, der damals von der Schweizerischen Gesellschaft für Volkskunde gedreht wurde. Dass Kämme aus dem Dorf im Solothurner Jura einst sogar königliche Häupter zierten und weit über Europa hinaus begehrt waren, wird dem Museumsbesucher anhand von Drucksachen und Bildern ebenso vermittelt wie die Tatsache, dass alles im 18. Jahrhundert in ziemlich bescheidener Form begonnen hatte.

Die Anfänge der «Strählmacherei»

Es war im Jahre 1779, als sich der Mümliswiler Urs Joseph Walter (1759–1829) entschloss, seinem Leben eine Wende zu geben. Er war in ärmlichen Verhältnissen aufgewachsen. Sein Vater besserte das kleine Einkommen eines Landwirts mit dem Stricken von Strümpfen auf, und dabei musste auch Urs Joseph mithelfen. Aber eigentlich konnte er, wie er in einem Lebensbericht mitteilte, mit dieser «Strumpflismerei» nicht viel anfangen. Da er keine Schule besucht hatte, versuchte er, sich heimlich und gegen den Willen seiner Eltern zur Nachtzeit einige Grundkenntnisse im Lesen und Schreiben zu erwerben.

Durch die Vermittlung eines Kaufmanns, der die vom Vater hergestellten Strümpfe übernahm, gelang es ihm, für ein Lehrgeld von 56 Franken beim Kammacher Anton Sigg in Bützberg die «Strählmacherei» zu erlernen. Walter hatte sich nach eigenen Aussagen zu diesem Beruf entschlossen, weil «die Läuse immer wohl geraten». Nach einer ziemlich kurzen Lehrzeit und einer ebenfalls kurzen Gesellenzeit, die ihn bis ins Wallis führte, war er bereits 1781 wieder im Guldental.

Zunächst zog er mit Werktisch, Kluppe und Kammsäge auf die Stör und flickte in den Dörfern und auf den Höfen die alten Kämme und sägte neue. Zwar liess er sich 1783 endgültig in Mümliswil nieder, doch musste er für sich und seine vielköpfige Familie neben der Kammacherei noch einem Nebenerwerb nachgehen. Erst im Herbst 1792 konnte er für seine Familie im Dorf ein Haus mit Werkstatt bauen. Zwei herangewachsene Söhne halfen jetzt bereits kräftig mit, und so wuchs der Familienbetrieb. Vorerst wurden nur gewöhnliche Kämme, sogenannte Richter, hergestellt. Nach und nach verlegte er sich auch auf die Herstellung moderner Frauenkämme zum Aufstecken der Haare.

Das Horn, das damals das einzige Rohmaterial bildete, wurde von Metzgern und Händlern bezogen und von Grund auf zu Kämmen verarbeitet. Die fertigen Kämme wurden an Krämer geliefert und auf den städtischen Märkten der Nordwestschweiz und des westlichen Mittellandes verkauft.

Vom Handwerk zum Industriebetrieb

Als in den 1820er Jahren die drei Söhne Urs Viktor, Rudolf und Josef auf eigene Rechnung zu produzieren begannen, hatte der väterliche Betrieb bereits den Charakter eines Familienbetriebs hinter sich gelassen: Urs Josef Walter beschäftigte nun vier fremde Kammachergesellen mit einem Wochenlohn von fünf Franken plus Kost und bis acht einheimische Arbeiter mit einem Taglohn von einem Franken.

Nachdem die Kammacherei unter Urs Viktor Walter eine gewisse Zeit lang in einem Nebengebäude des Gasthofs Ochsen eingerichtet war, erbaute sein Sohn August Hadolin Walter im Jahre 1863 im Lobisei ein Fabrikgebäude. Das obere Stockwerk wurde dem Basler Bandfabrikanten Bürgi & Co. vermietet, und im Erdgeschoss richtete man die Kammfabrik ein, wo 25 Arbeiter beschäftigt wurden.

Bereits vier Jahre später wurden die Liegenschaft der ehemaligen «Papyri» und eine Nagelschmiede erworben und an deren Stelle ein neues grosses Fabrikationsgebäude errichtet. Die Belegschaft stieg nun ständig. Facharbeiter aus Frankreich, Deutschland und Österreich wurden zugezogen. Neben dem einheimischen Rohmaterial wurden nun auch Büffelhörner aus Brasilien und Siam sowie das begehrte Schildpatt verarbeitet. Man begann auch mit der Herstellung von kleinen Gebrauchsartikeln, wie Pfeifenmundstücken, Messergriffen. Brieföffnern und Schnupftabakdosen.

Exzellente Zeugnisse der Mümliswiler Kammmacherei:
o.l.: Nackenzierkamm aus Schildpatt, um 1860;
o.r.: Nackenzierkamm aus Zelluloid und Haarspange aus Elfenbein;
u.l.: Schmuckspange und Staubkamm aus Horn;
u.r.: Zelluloid-Nackenzierkamm mit Similisteinen, um 1910

Bis zum Jahr 1880 hatte sich die Kammfabrik zu einem technisch hochstehenden Betrieb mit 120 Angestellten entwickelt. Eine neue Kurzhaarmode brachte aber Rückschläge. Dazu kam eine unglückliche Geschäftsführung, und als dann noch der jugendliche Besitzer August Walter (1858–1886) im Alter von nur 27 Jahren starb, schienen die Schwierigkeiten fast unüberwindlich. Um die Industrie am Ort halten zu können, übernahm die Gemeinde Mümliswil käuflich die Kammfabrik und produzierte mit 96 Angestellten weiter. Dieses Engagement, welches den Verantwortlichen hohe Anerkennung einbrachte, dauerte etwas über ein Jahr, wobei ein beträchtlicher Reingewinn erzielt wurde. Dieser Reingewinn fand sich noch vor einigen Jahren in der Gemeinderechnung unter der Bezeichnung «Kammfabrikationsfonds».

Nach diesem Interregnum übernahm ein weiterer Urgrossenkel des Gründers, Otto Walter-Obrecht (1856–1941), die Leitung des Betriebs. Der neue Patron führte die «Kammi» zu neuer Blüte. Die Zahl der Arbeitnehmer konnte ständig gesteigert werden, so dass im Jahre 1900 bereits 240 Arbeiterinnen und Arbeiter beschäftigt waren. Im Jahre 1896 gelangte mit Zelluloid, einer festen Lösung von Nitrozellulose und Kampfer, erstmals ein Kunststoff zur Verarbeitung.

Die Produkte wurden damals zu rund 70 Prozent ins Ausland geliefert. Vertretungen in London – für England und Australien –, Stockholm, Madrid, Lissabon und Mexiko übernahmen den Verkauf, wobei viele Fürstenhäuser, wie die englische Queen Victoria oder auch der spanische Hof, zu den Kunden gehörten. Viele Gesellschaftskreise, die ihre adligen Idole nachahmen wollten, sorgten ebenfalls für grosse Aufträge in Mümliswil.

Nach dem Tode der englischen Königin im Jahre 1901 wurden grosse Mengen von Schmuckkämmen, wie sie die Queen getragen hatte, schwarz eingefärbt und als «Trauerkämme» in England verkauft.

Der schwarze Tag von Mümliswil

Am Nachmittag des 30. Septembers 1915, eines grauen und unfreundlichen Herbsttags, kam es in der Kammfabrik zu einer schrecklichen Katastrophe. Die Gründe, die dazu führten, konnten nie recht abgeklärt werden. Der beim Polieren der Kämme entstehende Staub wurde im Keller gesammelt, um wieder verwendet zu werden. Wahrscheinlich entstand beim Polieren ein Funke, der durch die Absaugvorrichtung in den Behälter im Keller gelangte und dort den sehr leicht entzündlichen Zelluloid-Staub zur Explosion brachte. Durch den Druck wurde der Boden des Erdgeschosses gehoben. Die ins Freie führenden Türen, die sich nur nach innen öffnen liessen, wurden verklemmt, und damit wurden die Fluchtwege abgeschnitten. Die Explosion und der nachfolgende Brand zerstörten das Hauptgebäude. 32 Arbeiterinnen und Arbeiter fanden den Tod. Ein Massengrab rechts vor der Kirche in Mümliswil erinnert noch heute an diese «Helden der Arbeit».

Übrigens kamen bei diesem Unglück keine Ramiswiler zu Schaden. Der 30. September ist nämlich der Tag der heiligen

Grabmal für die Mümliswiler Opfer der Explosionskatastrophe von 1915

Urs und Viktor, und die werden in Ramiswil als Kirchenpatrone gefeiert. Das Begehen dieses Lokalfeiertages rettete den Ramiswilern das Leben.

Von diesem Schicksalsschlag und auch von den Folgen des ersten Weltkrieges erholte sich die Firma relativ gut, konnten doch im Jahre 1919 über 400 Arbeitnehmer beschäftigt werden. Doch damit war der höchste Mitarbeiterstand erreicht. Aber wieder war es die Mode, der «Bubikopf», der die Kammfabrik um 1930 in ihrer Existenz gefährdete, wobei natürlich die allgemein herrschende Krise mithalf. Schliesslich trennte man den Betrieb in die zwei selbständigen Unternehmen, das «OWO»-Presswerk und die «Kroko»-Kammfabrik; ersteres entstand in den 1920er Jahren als Produktionsbetrieb von farbigem Kunststoffgeschirr und Bakelit-Artikeln für die Elektrobranche.

Das Ende

Die seit je auf den Export angewiesene Kammfabrik hatte nach den Krisen der dreissiger Jahre mit immer neuen Schwierigkeiten zu kämpfen. Man war den besseren und feineren Artikeln der Marke «Kroko» verpflichtet und nicht gewillt, auf billige Massenware umzustellen. So kam es 1951 zum Konkurs.

Aber auf Wunsch der Mümliswiler Gemeindebehörden übernahm die Kammfabrik Ed. Zinniker AG, Brugg, die Kroko AG und produzierte mit vorübergehend recht gutem Erfolg handgemachte Kämme. Aber unter dem Druck billiger Massenware, vor allem aus dem Ausland, kam im März 1990 das endgültige Aus für die Mümliswiler Kammfabrik, und 35 Menschen verloren ihre Arbeit.

Das 1991 eröffnete Museum hält nur die Erinnerung wach an ein Handwerk, das uns die Geschicklichkeit, den Fleiss und die berufliche Tüchtigkeit der Mümliswiler Kammacher vor Augen führt. Das Spezialmuseum wird durch die Einwohner- und die Bürgergemeinde Mümliswil-Ramiswil getragen. Durch Schenkungen, insbesondere durch jene des ehemaligen Direktors der Kamm-Fabrik Marinus G. Zuidijk Zinniker, konnte die Sammlung aufgebaut werden. Die fachmännische Inventarisation besorgte Ludwig Baschung, der ehemalige Betriebsleiter der Kroko AG. Eine Erweiterung der Ausstellungsfläche ist geplant; sie würde eine vertiefte Darstellung der kulturgeschichtlichen Bedeutung der Mümliswiler Kammfabrikation und auch die Ausrichtung von Wechselausstellungen gestatten.

Öffnungszeiten:
Jeden 1. und 3. Sonntag im Monat, 14.00–17.00 Uhr.
Eintritt frei.
Schulen und Gruppen nach Vereinbarung mit
Ludwig Baschung, Mattenweg 583, 4717 Mümliswil
Telefon 062 391 43 09

Weitere Museen in der Umgebung von Mümliswil

Heimatmuseum Alt-Falkenstein

In der hochmittelalterlichen Burg oberhalb der Inneren Klus befindet sich seit 1929 ein Heimatmuseum mit den folgenden Schwerpunkten: Ländliche Wohnkultur, Waffensammlung, archäologische Funde, Münzen, Mümliswiler Kämme sowie grosse Sammlung von Keramiken aus den Manufakturen von Matzendorf und Aedermannsdorf.

Postadresse:	Heimatmuseum Alt-Falkenstein, Postfach 4, 4710 Klus
Telefon:	062 391 54 32

Öffnungszeiten: 1. April bis 31. Oktober
Mittwoch bis Freitag   9–11 und 14–17 Uhr
Samstag u. Sonntag   10–12 und 14–17 Uhr

Thaler Keramik-Museum Matzendorf

Das 1996 im Dorfkern eröffnete Museum zeigt in einem wohnlichen Umfeld die Produktion und die Erzeugnisse der rund 200jährigen Keramiktradition im Dünnerntal, die dank der Firma Rössler AG, Aedermannsdorf, noch heute lebendig ist. Das vom Verein «Freunde der Matzendorfer Keramik» eingerichtete Museum ergänzt in idealer Weise die vom gleichen Personenkreis betreute Sammlung der Keramikforscherin Dr. med. Maria Felchlin (1899–1987), die im Untergeschoss des Pfarreiheims eingerichtet ist und Braungeschirr und Fayence nach den Kriterien der Sammlerin präsentiert.

Postadresse:	Markus Egli Steinacker 139, 4713 Matzendorf
Telefon:	062 394 11 67

Öffnungszeiten: 1. Sonntag im Monat   14–17 Uhr
oder nach Vereinbarung

Kleinmuseen im Bezirk Thierstein

Beinwil, Klostermuseum
im alten Ökonomiegebäude   tagsüber offen

Büsserach, Ortssammlung
im Kirchturm   geöffnet sonntags
nach der hl. Messe

Nunningen, Dorfmuseum
im Alters- und Pflegeheim,
Stäglenweg 15 (vgl. S. 154)   geöffnet 1. Sonntag
im Monat, 14–17 Uhr

Dominik Wunderlin

Tips für erlebnisreiche Jura-Wanderungen im Ausflugsparadies Wasserfallen – Passwang

Das Gebiet rund um Passwang und Wasserfallen ist ein erstklassiges Ausflugsgebiet mit einem gut ausgebauten und vorbildlich markierten Wegnetz. Die Signalisation besteht aus den gelben Wegweisern und den gelben Rhomben der Schweizer Wanderwege. Zudem findet man auch die gelb-roten Markierungen des Schweizerischen Juravereins, der sich als Sektion der Schweizer Wanderwege insbesondere der Markierung des Jurahöhenwegs (Zürich–) Dielsdorf–Borex (–Genf) und einiger Zubringer- und Nebenrouten annimmt. Zu den Vorzügen dieser Wanderregion gehören auch die gute Erschliessung durch öffentliche Verkehrsmittel und die recht grosse Zahl an Bergwirtschaften, welche für das leibliche Wohl garantieren. Da aber auch diese Berghäuser ihre Ruhetage kennen, empfiehlt es sich namentlich für jene, die werktags eine Wanderung unternehmen, die Öffnungszeiten zu erfragen. Nachfolgend sind mit einem * die an den Routen liegenden Gaststätten ausserhalb geschlossener Siedlungen gekennzeichnet.

Die angegebenen Marschzeiten verstehen sich ohne Pausen und Halte. Für jede Wanderung empfehlen sich eine zweckmässige Kleidung, gute Wanderschuhe und ein Regenschutz.

Wer seinen Hund auf die Wanderung mitnimmt, hat sich an die gesetzlichen Bestimmungen zu halten. Insbesondere während der Setzzeit sind Hunde an der Leine zu führen.

Zum höchsten Punkt des Kantons Basel-Landschaft
Bergstation LRW (920 m) – Wasserfallenhof – Waldweid* (1014 m) – Hinteri Egg (1169 m) – Chellenchöpfli (1157 m) – Hintere Wasserfallen* / Rochuskapelle (1010 m) – Bergstation LRW (920 m) 1 h 20

Durch das Schelmenloch
Bergstation LRW (920 m) – Jägerwegli – Schelmenloch – Chilchli (546 m) – Talstation LRW – Reigoldswil AAGL (509 m) 1 h

Am Beibelberg

Von der Wasserfallen nach Waldenburg
Bergstation LRW (920 m) – Hintere Wasserfallen* / Rochuskapelle (1010 m) – Chellenchöpfli (1157 m) – Hinteri Egg (1169 m) – Waldweid* (1014 m) – Waldenburg WB / PTT / BLT (515 m)   2 h 50

Durch die Jägerlucke und über die Ulmethöchi
Bergstation LRW (920 m) – Hintere Wasserfallen* / Pt.1013 – Passwang (1204 m) – Vogelberg* (1107 m) – Jägerlucke (1128 m) – Grauboden (1059 m) – Ulmethöchi (973 m) – St. Romai – Lauwil BLT (633 m) – Reigoldswil AAGL / BLT (509 m)
3 h

Vom Faltenjura in den Tafeljura
Bergstation LRW (920 m) – Sixfeld (661 m) – Titterten AAGL (668 m) – Arboldswil AAGL (628 m) – Pt. 600 – Ziefen AAGL (423 m)   3 h

Zum Schloss Wildenstein
Bergstation LRW (920 m) – Sixfeld (661 m) – Titterten AAGL (668 m) – Gugger – Obetsmatt* (606 m) – Lampenberg (522 m) – Schloss Wildenstein (510 m) – Chappelen – Bubendorf AAGL / WB (371 m)   4 h

Über die Studenweid
Bergstation LRW (920 m) – Hintere Wasserfallen*/ Rochuskapelle (1010 m) – Chellenchöpfli (1157 m) – Ischlag (1050 m) – Waldweid* (1014 m) – Studenweid (907 m) – Gagsen – WiI (678 m) – Oberdorf WB / BLT (500 m)   3 h 20

Zur Ruine Rifenstein
Bergstation LRW (920 m) – Sixfeld (661 m) – Titterten AAGL (668 m) – Ruine Rifenstein – Reigoldswil AAGL/BLT (509 m)
2 h

Zur Ruine Ramstein
Bergstation LRW (920 m) – Hintere Wasserfallen* (955 m) – Huerewägli – Bürten (992 m) – Grauboden (1059 m) – Ulmethöchi (973 m) – Bretzwiler Stierenberg* (953 m) – Ruine Ramstein (789 m) – Bretzwil BLT / PTT (650 m) 2 h 30
oder ab:
Ruine Ramstein (789 m) – Elch (685 m) – Holzenberg (610 m) – Chleckenberg (523 m) – Oristal – Liestal SBB (327 m)
5 h 50

Durch das Bogental
Bergstation LRW (920 m) – Hintere Wasserfallen* / Pt.1013 – Naturfreundehaus* (1018 m) – Ober Passwang* (1094 m) – Vogelberg* (1107 m) – Jägerlucke (1128 m) – Grauboden (1059 m) – Ulmethöchi (973 m) – Bogental (768 m) – Neuhüsli* PTT (650 m) 3 h 15

Zum Passwangtunnel
Bergstation LRW (920 m) – Hintere Wasserfallen* / Pt.1013 – Passwang (1204 m) – Ober Passwang* (1094 m) – Passwangtunnel PTT (932 m) 1 h 30

Auf die Hohe Winde
Passwangtunnel PTT (932 m) – Beibelberg (949 m) – Vorder Erzberg* (1070 m) – Hohe Winde (1204 m) 2 h 30

Abstiege:
a. Nüselboden (918 m) – Schlegel (639 m) –
Unterbeinwil – Bachmättli PTT (522 m) 0 h 50
b. Trogberg (977 m) – Erschwil PTT (455 m) 2 h 15
c. Le Choin (967 m) – Mervelier PTT (556 m) 2 h 10
d. Welschgätterli (810 m) – Montsevelier PTT (565 m) 2 h 40
e. Scheltenpass (1051 m) – Zentner (1180 m) – Tannmatt* (1122 m) – Welschenrohr PTT (680 m) 2 h 40
f. Scheltenpass (1051 m) – Güggel* (1190 m) –
Brunnersberg* (1110 m) – Balsthal OeBB (489 m) 3 h 25
g. Scheltenpass (1051 m) – Seehof (752 m) –
Crémines SMB (616 m) 3 h 40

Zu den Nünbrunnen
Bergstation LRW (920 m) – Waldweid* (1014 m) – Ischlag (1050 m) – Sol (1000 m) – Schwizerboden (922 m) – Nünbrunnen (881 m) – Waldenburg WB / BLT / PTT (515 m) 2 h

Signal auf der Hohen Winde

Über den Passwang und vorbei am Steinwirtshof
Passwangtunnel PTT (932 m) – Ober Passwang* (1094 m) – Passwang (1204 m) – Passwanggrat – Hintere Wasserfallen – Naturfreundehaus* (1018 m) – Steinwirtshof (728 m) – Mümliswil PTT (556 m) 2 h

Vom Passwang zum Hauberg
Passwangtunnel PTT (932 m) – Ober Passwang* (1094 m) – Passwang (1204 m) – Hintere Wasserfallen* / Rochuskapelle (1010 m) – Chellenchöpfli (1157 m) – Sol (1000 m) – Hinter Hauberg (990 m) – Vorder Hauberg (936 m) – Mümliswil PTT (556 m) 2 h 45

Über Passwang und Bürten
Passwangtunnel PTT (932 m) – Ober Passwang* (1094 m) – Passwang (1204 m) Vogelberg* (1107 m) – Jägerlucke (1128 m) – Grauboden (1059 m) – Bürten (982 m) – Ängiberg (870 m) – Emlis (551 m) – Moosmatt – Reigoldswil AAGL / BLT (509 m) 2 h 20

Am Passwang

Rund ums Bogental
Neuhüsli PTT (650 m) – Birtis (734 m) – Nunningenberg (890 m) – Stierenberg* (953 m) – Ulmethöchi (973 m) – Grauboden (1059 m) – Jägerlucke (1128 m) – Vogelberg* (1107 m) – Passwang (1204 m) – Ober Passwang* (1094 m) – Passwangtunnel PTT (932 m) 5 h

Vom Neuhüsli zur Wasserfallen
Neuhüsli PTT (650 m) – Birchmatt (803 m) – Bogental (768 m) – Vogelberg* (1107 m) – Passwang (1204 m) – Hintere Wasserfallen* (955 m) – Bergstation LRW (920 m) 3 h

In die Tüfelschuchi
Bergstation LRW (920 m) – Hintere Wasserfallen*/ Rochuskapelle (1010 m) – Chellenchöpfli (1157 m) – Sol (1000 m) – Tüfelschuchi (1000 m) – Helfenberg – Langenbruck PTT (708 m) 3 h 15

Auf dem alten Passweg nach Mümliswil
Bergstation LRW (920 m) – Hintere Wasserfallen* / Rochuskapelle (1010 m) – Obere Limmeren (860 m) – Mümliswil PTT (556 m) 1 h 15

Wanderbücher
Regio Basel (Kümmerly + Frey, Bern)
Jurahöhenwege (Kümmerly + Frey, Bern)

Karten

1:25 000: Blatt 1067 (Arlesheim), 1068 (Sissach), 1088 (Delémont), 1087 (Passwang), 1088 (Hauenstein), 1107 (Balsthal)

1:50 000: Blatt 214T (Liestal), 223T (Delémont), 224T (Olten)

1:60 000: Blatt 1 (Aargau-Basel-Stadt Basel-Landschaft Olten) der Wanderkarten des Schweizerischen Juravereins

Panoramen

Fritz Dürrenberger-Senn, Panorama vom Passwang auf Jura (ohne Nordsicht), Mittelland und Alpen. Gezeichnet 1906 (Max Bider, Basel; 3. Auflage 1983)

Peter Schmid-Ruosch, Panorama von der Hohen Winde, Nord- und Alpensicht (Max Bider, Bider; 1. Auflage 1984)

Trekking ist auch im Jura möglich.

Berggasthäuser

Restaurant Hintere Wasserfallen
061 941 15 43

Bergwirtschaft Waldweide
061 961 00 62

Naturfreundehaus Passwang
062 391 20 98

Bergwirtschaft Oberer Passwang
062 391 32 64

Bergwirtschaft Vogelberg
061 941 10 84

Restaurant Alpenblick
062 391 33 13

Gasthaus Neuhüsli
061 791 01 06

Bergwirtschaft Vorder Erzberg
061 791 01 20

Bergwirtschaft Bretzwiler Stierenberg
061 941 14 73

Berggasthaus Ober Fringeli
061 761 50 02

Verantwortlich für die Markierung und den Unterhalt der Wanderwege in unserem Gebiet sind die nachfolgenden drei Sektionen der Schweizer Wanderwege:

Schweizerischer Juraverein	Wanderwege beider Basel	Solothurner Wanderwege
Postfach	Geschäftsstelle	Allmendstrasse 48
CH-4603 Olten	Bahnhofplatz 12	CH-4500 Solothurn
	CH-4410 Liestal	

Sie verdienen Ihre Sympathie und Unterstützung und sind Ihnen zudem dankbar für jeden Hinweis, der sich auf beobachtete Mängel bei den Markierungen und Signalisationen bezieht. Mit einem bescheidenen Jahresbeitrag können Sie als Mitglied einer dieser Sektionen die wandertouristischen Bestrebungen unterstützen und profitieren dafür von Preisermässigungen beim Bezug von Wanderkarten und -büchern.

Blick vom Vorder-Erzberg gegen den Passwang

Das Gebiet von Wasserfallen und Passwang aus der Vogelschau

Für touristische Auskünfte jeglicher Art stehen Ihnen auch die nachfolgenden Verkehrsbüros gerne zur Verfügung:

Verkehrsbüro Baselland
Postfach 34
CH-4410 Liestal
Tel. 061 - 921 58 07
Fax 061 - 921 23 40

Solothurner
Tourismusverband
Hauptgasse 54
CH-4500 Solothurn
Tel. 032 - 622 49 59
Fax 032 - 621 51 13

IG Wasserfallen-Passwang
Verkehrsbüro, Postfach
CH-4418 Reigoldswil
Tel. 061 - 941 14 00
Fax 061 - 941 14 00

Basel Tourismus
Schifflände 5
CH-4001 Basel
Tel. 061 - 268 68 68
Fax 061 - 268 68 70

Verkehrsbüro Olten
Klosterplatz 21
CH-4601 Olten
Tel. 062 - 212 30 88
Fax 062 - 212 70 18

Hauptstrasse	Museum
Nebenstrasse	Römische Fundstätte
Normalspurbahn	Jugendherberge
Schmalspurbahn	Steinwildkolonie
Autokurs	Naturschönheit
Wanderweg	Aussichtspunkt
Rundwanderweg	Ausflugwirtschaft
Gondelbahn	Reitgelegenheit
Skilift	Hallenbad
Liniennummer	Freibad
Burg/Ruine/Schloss	Tennis
Kirche/Ortsbild/Baudenkmal	Skisport

Dominik Wunderlin

Die Gemeinden rund um Wasserfallen und Passwang

Beinwil SO (1998: 317 Einwohner)
Fläche: 2261 ha

Die Geschichte der heutigen Gemeinde, einer typischen Einzelhofsiedlung, deckt sich weitgehend mit derjenigen des ehemaligen Benediktinerklosters. Rechtlich nahm die sogenannte Abtkammer eine Sonderstellung ein, was zu Reibungen mit dem Stand Solothurn als Landesherr und Kastvogt führte. Deshalb entschloss sich 1774 der Konvent von Beinwil-Mariastein, die Kammerrechte gegen Entschädigung an Solothurn abzutreten. Die damals schon erwogene Gründung einer Gemeinde kam indes erst 1818 zustande.

Die Gemeinde Beinwil verfügt über die drittgrösste Grundfläche des Kantons – nach Mümliswil-Ramiswil und Grenchen.

Bretzwil BL (1998: 712 Einwohner)
Fläche: 733 ha

Als Braswilere wird das Dorf 1194 erstmals erwähnt. Es gehörte ursprünglich zur Talkirche Oberkirch und wechselte später zum Bischof von Basel.

Zwischen 1377 und 1518 war Bretzwil ein Lehen der Herren von Brislach, die sich bald danach Edelknechte von Ramstein nannten. Hernach wurde der Ort an die Stadt Basel verkauft, die ihn 1673 mit dem ganzen Ramsteiner Amt dem Waldenburger Amt einverleibte. Seit der Reformation bilden Bretzwil und Lauwil eine Kirchgemeinde, zu der bis 1785 auch Reigoldswil gehörte.

Sehenswürdigkeiten:

Kirche St. Maria mit Barockkanzel. – Isaak-Bowe-Brunnen. – Burgruine Ramstein.

Lauwil BL (1998: 320 Einwohner)
Fläche: 728 ha

Die auf 637 m ü.M. gelegene Berggemeinde des Bezirks Waldenburg liegt in einer flachen Mulde zu Füssen des Schattbergs und des Geitenbergs. Die höheren Teile des verhältnismässig grossen Gemeindebannes liegen in der Zone der Juraweiden mit vorherrschender Alpwirtschaft. Hier stehen stattliche Sennhöfe (12 Einzelhöfe), deren Landbesitz bis nahe ans Dorf reicht. Die alten Sennhöfe Bürten, Lauwilberg und Obere St. Romai stellen den Typus des giebelständigen Hochjurahauses dar.

Der Siedlungskern besteht aus drei Strassenzeilen; neuerdings entstanden Wohnbauten in Streulage rings um das Dorf.

Geschichte

Das Dorf wird 1194 als Luiwilre erstmals genannt. Im Mittelalter gehörte Lauwil zur froburgischen Herrschaft Waldenburg, doch verfügten auch die Herren von Ramstein und das Kloster Schöntal über Besitzungen. Bei Grabungen im Jahre 1949 fand man die Spuren der mittelalterlichen Kirche St. Romai (Remigius), die den Mittelpunkt einer Kirchgemeinde Reigoldswil-Lauwil bildete. St. Romai brannte 1536 ab und wurde 1562 unter dem gleichen Titel in Reigoldswil wieder aufgebaut. Zwischen 1555 und 1765 bildete Reigoldswil-Lauwil mit Bretzwil eine Kirchgemeinde, seither gehört Reigoldswil nicht mehr dazu.

Liedertswil BL (1998: 146 Einwohner)
Fläche: 194 ha

Die zweitkleinste Baselbieter Gemeinde Tschoppenhof ist aus einer Gruppe von Einzelhöfen herausgewachsen. Im Dialekt heisst die Gemeinde Tschoppenhof, was auf einen Durs Tschopp zurückgeht, der 1530 den Hof besessen hat. Als Bestandteil der frohburgischen Herrschaft Waldenburg kam Liedertswil 1366 an den Bischof und 1400 an die Stadt Basel. Kirchlich gehört die Gemeinde zur Pfarrei St.-Peter Waldenburg.

Mümliswil-Ramiswil SO (1998: 2656 Einwohner)
Fläche: 3549 ha

Die Doppelgemeinde im solothurnischen Bezirk Thal ist flächenmässig die grösste Gemeinde des Kantons Solothurn und nimmt das gesamte Guldental zwischen Brunnersbergkette im Süden und Passwangkette im Norden ein.

Die Hauptsiedlung Mümliswil, 564 m ü.M., liegt am tiefsten Punkt des Längstals, wo es sich durch eine Klus im Balsthalertal entwässert und sich Passwang- und Wasserfallenroute gabeln. Hier gibt es kleinere Industriebetriebe.

Das vier Kilometer westlich davon gelegene Ramiswil, 633 m ü.M., besteht vor allem aus Einzelhöfen des hinteren Guldentals. Sein Ortskern besteht hauptsächlich aus Gebäuden aus dem Dienstleistungsbereich. Etwa die Hälfte der in Mümliswil-Ramiswil lebenden Erwerbstätigen arbeiten im Industriesektor.

Bauten und Geschichte

Die beiden Dörfer waren früher selbständig und gehörten zum Buchsgau. Unter den Besitzungen, welche Papst Coelestin III. im Jahre 1194 dem Kloster Beinwil bestätigt, werden auch die Güter in Mumeliswile erwähnt. 1225/26 bestätigt Bischof Heinrich von Basel dem Kloster Schöntal seine Besitzungen. Ein Leutpriester zu Mümliswil wird 1237 genannt, doch verweist das Patrozinium der St.-Martins-Kirche auf eine alte kirchliche Gründung. 1147 wird Ramoswilare in einer päpstlichen Urkunde als Besitz des Klosters Beinwil aufgeführt, welches dort eine Jakobs-Kapelle errichtete. Seit 1743 bestand in Ramiswil ein selbständiges Vikariat; es wurde 1856 zur Pfarrei erhoben. Seither bilden Mümliswil und Ramiswil zwei Kirchgemeinden.

Die äussere Geschichte der beiden Dörfer verlief parallel: Als Folge der bischöflichen Belehnungen erlangte Solothurn 1402 das Pfandrecht an der Burg Neu-Falkenstein und 1420 sogar den vollen Besitz an den Burggütern, unter denen Dorf und Kirchensatz zu Mümliswil erwähnt werden. Seither befand sich das ganze Herrschaftsgebiet in der neuen solothurnischen Vogtei Falkenstein, in welcher die beiden Dörfer bis 1798 dem Gerichtskreis Balsthal zugeteilt waren. Seit 1798 gehört Mümliswil-Ramiswil zum Bezirk Thal.

Bereits in den 1560er Jahren wurden in Mümliswil zwei Papiermühlen in Betrieb genommen, wobei die eine, die «untere», sich bis ins 19. Jahrhundert halten konnte. In der zweiten Hälfte des 18. Jahrhunderts begannen die Söhne des Papierers Rochus Schär mit der Produktion von Spielkarten. Dieses Gewerbe hält sich bis um die Mitte des 19. Jahrhunderts. Um die gleiche Zeit schloss auch die Glashütte im Guldental, welche die berühmte Glaserfamilie Gressly seit etwa 1780 betrieb.

Sehenswürdigkeiten in Mümliswil
Pfarrkirche St. Martin: Neubau von 1932, wobei die Wendelinskapelle an der Ostseite ein Teil der Vorgängerkirche ist. Die zumeist qualitätvollen Altäre (17./18. Jahrhundert) stammen aus dem Vorgängerbau.
Verschiedene Kapellen und Wegkreuze.
Gasthöfe Ochsen und Kreuz, 17. und 18. Jahrhundert.
Bemerkenswerte ältere Einzelhöfe: Sebleten, Untere Breiten, Schwenglen und Habstangen.
Schweizer Kamm-Museum, vgl. Seite 162 ff.
Sehenswürdigkeiten in Ramiswil
Pfarrkirche St. Nikolaus: 1694 geweiht; jetziger Bau in der Neugotik von 1869. In der Kirche einige Ausstattungsstücke aus der Zeit des Kirchenbaus um 1690, so eine Madonna, ein Ölbild mit dem Kirchenpatron sowie zwei Statuen der Heiligen Vincentius und Laurentius.
St.-Wendelins-Kapelle im Moos (am Scheltenpass): alte Wallfahrtskapelle.
Mühle von 1596 mit bemerkenswertem Fassadenschmuck.

Nunningen SO (1998: 1850 Einwohner)
Fläche: 1036 ha

Das zum Bezirk Thierstein gehörende Dorf liegt auf 625 m ü.M. in einer Längsmulde des Gilgenbergerlandes. Die Aussensiedlungen Engi und Roderis liegen im Tal des Chastelbaches, der das Gebiet von Nunningen nordwärts zur Birs entwässert. Im Dorf finden sich verschiedene Industriebetriebe der Metall- und Kunststoffbranche, die auch viele Zupendler anziehen. Etwa Dreiviertel der Erwerbstätigen arbeiten im Industriesektor.

Geschichte:

Das 1152 erstmals erwähnte Nunningen gehörte mit allen Rechten zur Herrschaft Gilgenberg der Freiherren von Ramstein. Mit dem Kauf der Feste Gilgenberg erwarb Solothurn 1527 auch Nunningen, doch ohne Hohgerichtsbarkeit. Fortan befand sich Nunningen bis 1798 in der Vogtei Gilgenberg, die einen einheitlichen Gerichtskreis bildete. Erst 1685 gelang es Solothurn, die hohe Gerichtsbarkeit in Nunningen zu erwerben. Seit 1798 gehört es zum Bezirk Thierstein. 1530 verkaufte das Hochstift Basel den Kirchensatz zu Oberkirch, zu dem Nunningen gehörte, an Solothurn.

Die dem Bauernheiligen Wendelin geweihte Wallfahrtskapelle auf dem Nunningenberg stammt aus dem 17. Jahrhundert.

Reigoldswil BL 1998: 1435 Einwohner
Fläche: 925 ha

«Reigetschwyl» ist die viertgrösste Ortschaft im Bezirk Waldenburg. Sie liegt im hinteren Frenkental und am Fuss der Wasserfallen. Verkehrstechnisch erschlossen durch die Strasse durch das Frenkental (Liestal–Bubendorf–Ziefen) sowie durch die Querverbindungen ins Waldenburgertal und nach Bretzwil und weiter ins Schwarzbubenland und Laufental. Gute Busverbindungen. Talstation der Luftseilbahn Reigoldswil–Wasserfallen (Betriebsaufnahme: 1956).

Früher wichtiges Zentrum der hausgewerblich betriebenen, heute verschwundenen Seidenbandweberei. Über 85 Prozent der Erwerbstätigen finden ihr Auskommen in Gewerbe, Industrie und Dienstleistungen, wobei die Arbeitsplätze zumeist auswärts aufgesucht werden. Im Gemeindegebiet finden sich zahlreiche alte Herrengüter, die oft heute noch im Besitz von Basler Familien sind.

Geschichte

Verschiedene Funde aus vorrömischer Zeit – so ein Steinbeil aus der Bronzezeit – bezeugen, dass die Umgebung von Reigoldswil alter Kulturboden ist. Die Anwesenheit der Römer bekunden Reste eines Strassenbettes bei Bütschen sowie Münzfunde und ein Urnengrab. Römischer Herkunft sind auch verschiedene Flurnamen. Auf die alemannische Siedlung «Rigoltswilre» (= Weiler des Rigolt) deuten mehrere Reihengräber. Erste bekannte Besitzer des Dorfes waren die Herren von Froburg; ihre Lehensherren, die Edlen von Rifenstein, bewohnten ihre gleichnamige Burg östlich des Dorfes. 1366 gelangte der Ort mit dem Amt Waldenburg an den Bischof und 1400 in den Besitz der Stadt Basel. Die wohl älteste Kirche der Region war St. Remigius (St. Romai) bei Lauwil. Nach deren

Zerstörung durch einen Brand wurde 1562 die heutige Dorfkirche errichtet. Zwischen 1555 und 1765 bildeten Reigoldswil und Lauwil zusammen mit Bretzwil eine Pfarrei; seit 1765 ist Reigoldswil mit Titterten zu einer selbständigen Kirchgemeinde vereinigt.

Ein weiteres Gotteshaus bei Reigoldswil war die Kapelle St. Hilarius, «s Chilchli», am alten Wasserfallenpass. Die Kapelle wurde bis 1562 für Gottesdienste genutzt, nachher zu einem Wohnhaus umgebaut. Der Dachreiter wurde 1970 vom abgetragenen Schulhaus von Liedertswil mit einem Helikopter herantransportiert.

Aus dem hohen Mittelalter stammt die Burg Rifenstein, die auf einem Felszahn östlich des Dorfes erbaut wurde. Bewohnt war sie im 12. und 13. Jahrhundert und bereits vor dem grossen Erdbeben von Basel (1356) zerfallen.

Der steile Übergang über die Wasserfalle wurde wohl schon vor dem Mittelalter benutzt. Er war nie mehr als ein Saumpfad. Als 1874/75 mit dem Bau der Wasserfallenbahn angefangen wurde, setzten die Reigoldswiler grosser Erwartungen in einen Anschluss ans internationale Eisenbahnnetz. Der Konkurs der Unternehmer zerstörte diese Hoffnungen. Dafür bekam das Dorf im Jahre 1905 die erste konzessionierte Autoverbindung der Schweiz, welche das Baselbieter Hinterland mit Liestal (und seit 1928 auch direkt mit Basel) verbindet.

Reigoldswil ist Geburtsort des grossen Schweizer Bildhauers Jakob Probst (1880–1966). Kostproben seines Werkes sind im Dorf auf verschiedenen Plätzen sowie in und um öffentliche Gebäude zu finden.

Museum

Die 1925 begründete Historische Ortsammlung findet sich im 1765 erbauten Bauernhaus «Auf Feld». Weiteres dazu vgl. S. 158 ff.

Waldenburg BL　　　　　　　　　1996: 1409 Einwohner
Fläche: 830 ha

Das in eine enge Juraklus gebaute Städtchen wird 1244 als Waldenburch erstmals genannt. Der im Frühmittelalter dem elsässischen Kloster Murbach gehörende Ort stand später und bis 1366 unter frohburgischer Herrschaft. Dann war er bis zum Verkauf an die Stadt Basel für wenige Jahrzehnte bischöflich-baslerischer Besitz. Geburtsort der Baselbieter Uhrenindustrie (1853). Seit 1880 Endstation der schmalspurigen Waldenburger Bahn (750 mm).

Sehenswürdigkeiten

Gut erhaltener mittelalterlicher Stadtkern mit Obertor. – Schlossruine mit schöner Aussicht.

Weiteres zu Waldenburg vgl. S. 104 ff.

Literatur/Quellen
zu den Beiträgen ab Seite 124

*Hauptsächlich benutzte und
weiterführende Literatur*
Heinrich *Althaus*, Heimatkunde Bretzwil.
  Liestal 1980
Bruno *Amiet*, Solothurnische Geschichte,
  1. Band. Solothurn 1952
Thomas *Baschung*, Die Heilig-Blut-
  Kapelle Vorder-Beibelberg, Mümliswil-
  Ramiswil, in: Jurablätter, 37. Jg., 1975,
  S. 79 ff.
Ernst *Baumann*, Die Wallfahrtsorte des
  Kantons Solothurn, Ein Überblick, in:
  Dr Schwarzbueb, 25. Jg., Breitenbach
  1947
Ernst *Baumann*, Die Verlegung des
  Klosters Beinwil nach Mariastein, Ein
  Beitrag zur Geschichte des Klosters
  1621– 1655. Laufen 1949
Ernst *Baumann*, P. Heinrich Böschung von
  Beinwil, in: Jurablätter 16. Jg., 1954,
  S. 75–77
Madlen *Blösch*, Kloster Beinwil – Ort der
  Stille, in: Dr Schwarzbueb, 75. Jg.,
  Breitenbach 1997
August *Burckhardt*, Untersuchungen zur
  Genealogie der Grafen von Thierstein,
  in: Festschrift Hans Nabholz. Zürich
  1934
Ferdinand *Eggenschwiler*, Geschichte des
  Klosters Beinwil von seiner Gründung
  bis 1648. Solothurn 1930
Markus *Egli*, Thaler Keramikmuseen – ein
  Stück Solothurner Industriegeschichte,
  in: Jurablätter, 59. Jg. /1997, S. 36–45.
Maria *Felchlin*, Die Matzendorfer Kera-
  mik, in: Jahrbuch für solothurnische Ge-
  schichte, Bd. 15, 1942, S. 5–72.
Festschrift für Reinhard *Straumann*.
  Stuttgart 1952
Eduard *Fischer*, Die Bibliothek des
  Klosters Beinwil um 1200, in:
  Jurablätter, 12. Jg., 1950, S. 69 ff.
W. *Flury*, Die industrielle Entwicklung des
  Kantons Solothurn. Solothurn 1907
Albin *Fringeli*, Thierstein. Breitenbach
  1937

Albin *Fringeli*, Die Höhlenbewohner im
  Thierstein, in: Dr Schwarzbueb, 21. Jg.,
  Breitenbach 1943
Albin *Fringeli*, Das Plattenkäppeli am
  alten Passwangweg, in: Dr
  Schwarzbueb, 41. Jg., Breitenbach 1963
Albin *Fringeli*, Landschaft als Schicksal,
  Eine Heimat- und Volkskunde des
  Schwarzbubenlandes.
  Solothurn/Breitenbach 1987
Arnold *Fuchs*/Edmund *van Hoorick*, Der
  Jura. Zürich 1986
Mauritius *Fürst*, Die Wiedereinrichtung
  der Abtei Beinwil und ihre Verlegung
  nach Mariastein, in: Jahrbuch für
  solothurnische Geschichte 37, 1964,
  S. 1–122
Werner A. *Gallusser*/Paul *Kläger*,
  Geographischer Exkursionsführer,
  Lieferung 10: Laufener Jura. Basel 1987
Roland *Gerber* (Hauptred.), Oberdorf im
  Baselbieter Jura, Heimatkunde. Liestal
  1993
Markus *Glauser*, Glasmacherleute im
  Schwarzbubenland, Die Glashütten der
  Familien Gressly, in: Dr Schwarzbueb
  58. Jg., Breitenbach 1980
Heinrich *Grossmann*, Flösserei und
  Holzhandel aus den Schweizer Bergen
  bis zum Ende des 19. Jahrhunderts.
  Zürich 1972
Heinrich *Gutersohn*, Geographie der
  Schweiz, Band 1: Jura. Bern 1958
Werner *Heizmann*, Wie die Beinwiler
  zu ihrem Friedhof kamen, in: Dr
  Schwarzbueb, 30. Jg., Breitenbach 1952
Werner *Heizmann*, Aus dem
  Wirtschaftsleben des Beinwiler-Tales,
  in: Jurablätter, 16. Jg., 1954, S. 72–75
Käthi *Jeker*, Der Hinter-Birtis und seine
  nähere Umgebung im Lauf der
  Geschichte, in: Jurablätter, 37. Jg., 1975,
  S. 83 ff.
Otto *Jeker*, Eine Sängerfahrt auf den
  Passwang, in: Dr Schwarzbueb, 2. Jg.,
  Breitenbach 1924
Paul *Jenni*, Heimatkunde von
  Langenbruck. Liestal 1992

Peter F. *Kopp*, Schweizer Spielkarten (Ausstellungskatalog). Zürich 1978

Max *Kürsteiner* et al., Eisenerz und Eisenindustrie im Jura, Jahrbuch des Naturhistorischen Museums Bern, 10, 1990, S. 171–196

Gottlieb *Loertscher*, Die Kunstdenkmäler des Kantons Solothurn, Band III: Die Bezirke Thal, Thierstein und Dorneck. Basel 1957

Julius *Matusz-Schubiger*, Matzendorfer und Aedermannsdorfer Fayencen. 1985

Eugen Anton *Meier*, Basler Erzgräber, Bergwerksbesitzer und Eisenhändler. Basel 1965

Werner *Meyer*, Der mittelalterliche Adel und seine Burgen im ehemaligen Fürstbistum Basel. Basel 1962

Werner *Meyer*, Schloss Thierstein, in: Dr Schwarzbueb, 71. Jg., 1993

Werner *Meyer*, Burgen von A bis Z, Burgenlexikon der Regio. Basel 1981

Max *Mittler*, Jura, Das Gebirge und seine Bewohner. Zürich 1987

Alfred *Mutz*, Eisen und Schmieden im Beinwilertal, in: Jurablätter, 48. Jg., 1986, S. 125 ff.

Werner *Reber*, Zur Verkehrsgeographie und Geschichte der Pässe im östlichen Jura. Liestal 1970

Bruno *Saner*, Das Schweizerische Kamm-Museum Mümliswil, in: Jurablätter, 59. Jg., 1997, S. 46 ff.

Lukas *Schenker*, Das Benediktinerkloster Beinwil im 12. und 13. Jahrhundert, Beiträge zur Gründung und frühen Geschichte. Solothurn 1973 (= Sonderdruck aus: Jahrbuch für solothurnische Geschichte 46, 1973)

C. *Schmidt*/O. *Hedinger*, Die L. von Roll'schen Eisenwerke und die jurassische Eisenindustrie. Gerlafingen 1914

Beatrice *Schumacher*, «Auf Luft gebaut», Die Geschichte des Luftkurortes Langenbruck 1830–1914. Liestal 1992

Fernand *Schwab*, Die industrielle Entwicklung des Kantons Solothurn und ihr Einfluss auf die Vokswirtschaft. Solothurn 1927

Hans *Sigrist*, Etwas über die Besiedlung des Beinwiler Tales, in: Jurablätter, 16. Jg., 1954, S. 69–71

Albert *Spycher*, Kammacherei in Mümliswil, in der Reihe: Altes Handwerk, Heft 41. Basel 1977

Paul *Suter*, Beiträge zur Landschaftskunde des Ergolzgebietes. Basel 1926 (2. Auflage Liestal 1971)

Paul *Suter*, Vom Bezirk Waldenburg. Waldenburg 1982

Paul *Suter*, Die Gemeindewappen des Kantons Baselland. Liestal ^{4}1984

Paul *Suter* und Mitarbeiter, Heimatkunde Reigoldswil. Liestal 1987

Peter *Suter*, Die Einzelhöfe von Baselland. Liestal 1969

Peter *Suter*, Geographischer Exkursionsführer der Region Basel, Lieferung 11: Baselbieter Jura. Basel 1983

Albert *Vogt*, Die Fayencefabrik Matzendorf in Aedermannsdorf von 1797 bis 1812, in: Jahrbuch für solothurnische Geschichte, 66, 1993

Rudolf *Wackernagel*, Geschichte des Schöntals, in: Basler Jahrbuch 1932

Heinrich *Weber*, Geschichte von Waldenburg. Liestal 1957

Leo *Weisz*, Geschichte der Ludwig von Roll'schen Werke. Bd. 1. Gerlafingen 1953

Urs *Wiesli*, Balsthal und seine Täler, Eine Wirtschafts- und Sozialgeographie. Solothurn 1953

Urs *Wiesli*, Geographie des Kantons Solothurn. Solothurn 1969

Emil *Wiggli*, Eine verschwundene Industrie im Thierstein, in: Dr Schwarzbueb, 1. Jg., Breitenbach 1923

Paul *Zinsli*, Walser Volkstum. Chur 1986

Register
Orte
Bärengraben 29, 111, 118 f.
Balsthal 62, 72
Beinwil, Kloster 34, 62, 112, 136 ff., 145
Beinwil, Gemeinde 26 f., 136 ff., 176
Birtis 137, 154
Bogental 37, 94
Bretzwil 85 f., 155 f., 176
Brotträger 28
Bürten 85 ff., 92
Büsserach 145 ff.
Chilchli siehe St. Hilarius
Chratteneggli 62, 134, 138
Egg, Hinteri / Vorderi 98, 103
Eiset 28
Erschwil 62 ff., 141 ff.
Fehren 92, 149 f.
Gilgenberg Schloss(ruine) 152
Glattenberg 28
Guldental 62, 133 f.
Hauenstein, Oberer 63 f., 104
Heilig-Blut-Kapelle 134 f.
Hohe Winde 33 f.
Huerewägli 28, 92, 118
Klus, Alt-Falkenstein 167
Lange Brücke 64, 66, 143
Langenbruck 70 ff., 86, 128 ff.
Lauwil 74, 76, 84, 86, 91, 156, 176 f.
Liedertswil 72, 125, 177
Limmeren 114 f.
Matzendorf 142, 167
Meltingen 92
Mümliswil-Ramiswil 30, 52 ff., 63 ff., 99, 112 ff., 132 ff., 158, 162 ff., 177 f.
Neuhüsli 64, 137
Nesselboden 29
Nunningen 92, 137, 154, 179
Oberdorf 72, 86, 105, 126
Oberkirch 154
Passwang 32 f., 36 ff., 62 ff., 87, 135 f.
Ramstein, Schloss(ruine) 91 ff., 155 f.
Reigoldswil 51 ff., 74 ff., 84, 86, 89 ff., 98 ff., 112 ff., 124 f., 157, 158 ff., 179 f.
Richtiflue 104
Rifenstein, Ruine 89, 113, 125
St. Hilarius, Reigoldswil 74 ff., 100 ff., 111, 119 f., 157
St.-Josefs-Kapelle, Erschwil 143 f.
St.-Josefs-Kapelle, Mümliswil 114
St.-Rochus-Kapelle 88, 115 f.
St. Romai/Remigius, Lauwil 74, 85, 101, 111, 156 f.
Säuschwänki 29, 102
Schelmenloch 11, 29, 117 f.
Scheltenpass 33, 134
Schöntal, Kloster 74, 85, 105, 112, 127 ff.
Solothurn 63, 68, 75 f., 131 ff., 136 f., 141, 146, 152 f.
Stierenberg (Bretzwil) 93
Stucketen-Chäppeli 65, 136
Thierstein, Schloss(ruine) Neu- 65, 145 ff., 152
Ulmethöchi 94
Vogelberg 37 f., 59 f., 86 f.
Waibelloch 30, 102
Waldenburg 5, 59, 61, 79 ff., 86, 89, 92, 102, 104 ff., 117, 126 f., 180
Waldweide 59, 88 f.
Wasserfallen 28 ff., 50 ff., 72, 79 ff., 98, 92, 108, 116 f.
Ziefen 160
Zingelen 67, 135
Zullwil 152
Zwingen 63

Personen
Baldung Hans (Umkreis) 152
Belloc Hilaire, London 8
Bider Oskar, Langenbruck 129
Birmann Peter, Basel 36, 38, 39
Bischoff Jakob Christoff, Basel 37
Bloch J., Balsthal 56
Breitenlandenberg, Agatha von 151 f.
Büchel Emanuel, Basel 31, 35 f., 119
Buser Jakob, Sissach 57
Degen Jakob, Liedertswil 125
Dürrenberger-Senn Fritz, Basel 38
Eglin Walter, Känerkinden 156
Falkeisen J. J., Basel 36
Falkenstein, Grafen von 63, 112
Frey Gustav Adolf, Kaiseraugst 55 f.
Frohburg, Grafen von 106, 130 f.
Gelpke Rudolf, Basel 57, 68
Gilgenberg, Hans Imer von 74 f., 151 ff., 154
Glaser Hermann, Liestal 56
Gressly, Glasmacherfamilie 134, 137
Hetzel, Ingenieur, Basel 71 f.
Hutter Schang, Solothurn 154
Joris David, Täuferführer 137
Probst Jakob, Reigoldswil 84, 125
Ramstein, Herren von 74, 85, 152, 155 f.

Riedel Arthur 37 f.
Schneider Gustav, Reigoldswil 56
Schneider Max, Liestal 36, 123
Schweizer Johannes, Reigoldswil 52
Spitteler Carl, Liestal/Luzern 5
Stephenson George, GB 50
Stephenson Robert, GB 50, 52, 99
Straumann Reinhard, Waldenburg 129
Suter Peter, Arboldswil 37
Swinburne Henri, GB 50, 52, 99
Thierstein, Grafen von 63, 146 f.
Winterlin Anton, Basel 38

Sachen
Bärenjagd 28, 95, 111, 118 f.
Eisenbahnbau 30, 50 ff., 68 ff., 99 f., 120 f., 160
Eisenerzabbau / -industrie 80, 105, 128, 140 ff., 144, 150
Geologie 8 ff., 11 f., 102
Grenzstreit 79 ff.
Fauna 18 f., 94
Flösserei 128, 143
Flora 12 ff., 26 f.
Flurnamen 28 ff., 113 ff.
Glasmacherei 134 f., 137
Gondelbahn 59 ff., 99 f.
Hausbau 86, 90, 100, 137, 144

Hochwacht 88, 95, 114
Holzköhlerei 92, 142 f.
Kammfabrikation 112, 132, 162 ff.
Keramik 156, 167
Kurort 70, 121, 126, 129, 131, 137, 150
Metzgete 44 f.
Mineralquelle 126, 150
Museen 125, 140, 149, 154, 158–167
Nahrungsforschung 41 ff.
Panoramen 38 f., 103
Passverkehr 88, 99 f., 110 ff., 126 ff., 138, 144 f.
Posamenterei siehe Seidenbandweberei
Rodungstätigkeit 32 f., 138
Seidenbandweberei 51, 78, 84, 90, 91, 98 f., 112 f., 133, 148, 154, 158 ff., 163
Spielkartenfabrikation 133
Strumpf- und Hosenstrickerei 148, 154, 162
Uhrenindustrie 90, 105 ff.
Waldgesellschaften 12 ff.
Waldwirtschaft 19 ff., 34
Walser 138
Wallfahrtswesen 131, 133, 137, 144, 151, 178 f.
Weidebetrieb 29, 86 f., 91, 93 f., 102, 108
Wintersport 59 f., 129
Ziegelei 90, 100, 105, 113, 141

Bildernachweis
Oskar *Bär*, Zürich 10
Ferdinand *Eggenschwiler* 142
Lorenz *Häfliger*, Aesch 27
Peter *Hagmann*, Olten 111
Kantonsmuseum Baselland, Liestal 37, 156
Josiane *Merz-Kläy*, Bern 174 und 175
Museum der Kulturen, Basel 42, 49, 92, 106, 123, 126, 132, 133, 135, 155, 166, 167
Privatarchiv Basel 66, 75, 77, 124
Werner *Rubin*, Olten (Archiv) 71
René *Salathé*, Reinach 38
Lily *Schaub-Perrenoud*, Reigoldswil 11–20, 23, 25
Max *Schneider*, Liestal, Titelbild, 4, 21, 29, 36, 89, 117

Dr Schwarzbueb (Kalender) 39, 67, 69, 128, 138, 139, 143, 147, 150
Schweiz. Kamm-Museum, Mümliswil 164
Albert *Schweizer*, Langenbruck 107, 157
Staatsarchiv des Kantons Basel-Landschaft 80, 104
Peter *Suter*, Arboldswil (Archiv) 31, 35, 47, 51, 52, 53, 55, 56, 88, 98, 103, 118, 121
Peter *Suter*, Arboldswil 40, 44, 83, 86, 92, 101, 102, 109, 116, 158
Urs *Wiesli*, Olten 8, 63
Dominik *Wunderlin*, Basel, alle übrigen Fotos